항공여행 아는만큼 즐겁다

비행기 2 이야기

항공여행 아는만큼 즐겁다

이태원

지음

기파랑

알면 안심되는 항공안전이야기　　　　　　　012

A1 항공여행은 얼마나 안전할까?　　　　　014

A2 여객기는 얼마나 안전하게 만들었을까?　　　020

A3 절대 안전한 항공사가 있을까?　　　　026

A4 특별히 안전한 좌석이 있을까?　　　　032

A5 여객기에는 왜 도어가 많을까?　　　　040

A6 여객기가 하늘에서 길을 잃지 않는 이유?　　046

A7 여객기에 벼락이 떨어지면 어떻게 될까?　　052

A8 항공사고에 따른 항공사의 책임은?　　　058

A9 해외여행 때 여권 다음으로 중요한 것은?　　064

A0 사람보다 더 철저한 여객기의 건강관리　　068

알면 도움되는 항공여행이야기   074

B1 여객기가 비행하는 하늘은 어떻게 생겼을까?   076

B2 어떻게 여객기는 하늘을 비행할 수 있을까?   080

B3 항공수송은 언제부터 시작되었을까?   084

B4 항공여행 중 기내에서의 건강관리는?   090

B5 항공병의 발생 원인과 그 예방방법   096

B6 병약 승객을 위한 항공사의 특별서비스   100

B7 세계 표준시와 시차는 왜 생길까?   106

B8 할인운임과 알뜰항공권의 구입요령   110

B9 항공 포인트 카드의 효과적 활용 방법   116

B0 에어라인 얼라이언스 그리고 코드셰어란?   122

B

알면 재미있는 여객기 이야기　　128

C1 하늘을 비행하는 여객기는 어떻게 생겼을까?　　130

C2 최첨단 컴퓨터 시스템을 갖춘 여객기의 조종실　　134

C3 계란껍데기처럼 얇은 여객기의 동체　　140

C4 가볍고 튼튼한 여객기의 의자　　144

C5 거대한 동체에 비해 상대적으로 작은 주 날개　　148

C6 쉴 새 없이 뛰는 여객기의 심장　　154

C7 여객기의 바퀴는 몇 개나 달려 있을까?　　160

C8 삼중으로 된 여객기의 브레이크 시스템　　164

C9 현재 운항하고 있는 여객기들　　168

C0 하늘을 나는 호텔, 그 다양한 면면들　　176

C

알면 속시원한 여객기 비밀　　　　　　　182

D1 엔진 수로 여객기를 구별한다　　　　　　184

D2 너무 형식적인 여객기의 명칭과 국적번호　　190

D3 여객기의 창을 작게 만드는 이유　　　　194

D4 등유를 먹는 대식가 제트여객기　　　　200

D5 여객기는 비행 중 전기와 물은 어떻게 얻을까?　　206

D6 잠시도 쉬지 않고 호흡하는 여객기　　　210

D7 멋지게 단장하는 여객기　　　　　　214

D8 하늘 천사의 주요한 업무는 보안업무?　　220

D9 공항과 국제선 여객기의 탑승　　　　226

D0 여객기는 몇 명으로 조종할까?　　　　234

쉽게 풀어쓴
항공여행 길잡이

하늘은 우리의 영원한 동경憧憬입니다. 끝없이 펼쳐진 푸른 하늘을 바라보며 우리는 영원으로 이어지는 꿈을 그려봅니다. 아무런 막힘도 없는 무한의 공간, 그리고 무엇이든 우리가 원하는 것을 모두 담고 있을 것 같은 너그러움. 그래서 예로부터 우리는 하늘에 소원을 빌어왔습니다. 모든 것을 품고 있는 엄마 품과 같은 하늘이 있어 우리는 어려움, 그리움, 바람을 이겨내고 위안받으며 살아가고 있습니다.

하늘을 날고 싶은 우리의 열망은 옛날에는 이룰 수 없는 환상이었으나 지금은 매일의 일상으로 변했습니다. 아무 때나 마음 먹으면 훌쩍 표를 사서 여객기를 타고 하늘 속으로 치솟아 올라갈 수 있는 세상이 되었습니다. 그 넓은 태평양도, 끝없는 시베리아 평원도 10,000m의 고공에서 내려다보며 건너다니는 세상이 되었습니다. 항공여행은 이제 우리 삶의 일부가 되었습니다. 아는 만큼 볼 수 있고 보는 만큼 즐길 수 있다고 했습니다. 우리의 일상에 들어와 있는 항공여행에 대하여 쉽게 앎을 키워주는 책이 나왔습니다. 《항공여행 아는만큼 즐겁다》입니다. 평생 대한항공에서 일해온 이태원 선생이 항공여행과 관련된 네 번째 책을 썼습니다. 이 책은 이태원 선생이 4년 전에 펴낸 《비행기 이야기》의 속편입니다. 《비행기 이야기》가 항공기 발달사라면 이번 책은 우리가 여객으로 늘 접하는 항공여행에 대한 '상식'을 모은 것입니다. 자주 비행기를 타고 여행하면서도 정작 타고 다니는 여객기와 항공여행 관련 서비스 등에 대하여 모르고 지내는 것이 많은데, 이 책은 여행객들이 궁금해할 것들을 족집게처럼 집어내어 쉽게 해설해놓은 책입니다.

이 책은 여객기 발달사, 여객기의 구조, 여객기의 종류, 여객기의 비행원리 그리고 여객의 안전을 위한 갖가지 배려 등에 대하여 소상하게 해설해주고 있습니다. 그뿐 아니라 항공여행을 준비할 때 어떻게 가장 값싸고 편리하게 표를 구입할 수 있는지, 아이를 데리고 여행할 때라든가 몸이 불편할 때 항공사가 제공하는 서비스에는 어떤 것이 있는지 등, 미처 생각하지 못했던 것들까지 친절하게 소개해주고 있습니다.

이 책을 읽고 항공여행을 떠나면 훨씬 더 즐겁게 그리고 편하게 날아다닐 수 있을 것입니다. 즐거운 항공여행의 길잡이가 될 이 책을 자신 있게 여러분께 권합니다.

즐거운 여행이 되기를 빕니다.

2014년 6월

이상우 **전 한림대 총장**

항공여행의
모든것

라이트 형제가 인류 역사상 처음으로 동력비행에 성공한 지 약 110년이 지났다. 라이트 형제가 최초로 동력비행에 성공했을 때 비행시간은 59초, 비행거리는 260m였다.

새처럼 하늘을 날고 싶은 꿈을 이루기 위해 시작된 하늘비행이 여객기로 발전하여 항공수송을 시작한지 약 100년이 지났다. 처음에는 겨우 두 명을 태울 수 있는 소꿉장난감 같은 작은 프로펠러기로 시작했지만, 지금은 10,000m 이상의 높은 하늘을 음속에 가까운 속도로 지구의 반 바퀴도 넘는 먼 거리를 몇백 명의 여객을 싣고 날아다닌다.

거대한 여객기로 발전하고 세계적인 교통수단으로 발달한 항공수송은 이제는 버스나 기차처럼 우리들의 일상생활에 없어서는 안 되는 중요한 생활수단이 되었다.

더욱이 항공여행이 대중화되고 해외여행이 자유화되면서 한 해에 천만 명이 넘는 한국인들이 여객기를 이용하여 해외여행을 즐기고 있다. 그런데 항공여행을 할 때마다 하늘을 날아다니는 여객기가 궁금하다 못해 신기하기까지 하다.

쇳덩어리나 다름없는 거대한 여객기가 새처럼 날개를 움직이지도 않고 어떻게 하늘을 날아다닐 수 있는지, 여객기가 비행하다가 엔진이 전부 멎어버리면 어떻게 되는지, 특별히 안전한 좌석이 있는지, 여객기가 비상착륙하면 왜 90초 이내에 탈출해야하는지, 몇백 드럼이나 되는 그 많은 항공연료를 왜 동체에 싣지 않고 날개에 싣는지, 넓은 하늘에는 교통신호도 없는데 어떻게 여객기는 길을 잃지 않고 질서 정연하게 비행하여 그것도 정해진 시간에 어김없이 목적지에 도착하는지, 왜 여객기가 이착

륙할 때 귀가 멍해지는지, 왜 객실의 창은 작게 만드는지, 여객기에는 왜 그렇게 많은 도어가 있는지, 객실 내는 왜 그렇게 건조한지 등등.

이렇게 궁금한 것이 많은데 일반인들이 알 수 있도록 쉽게 설명해주는 자료나 종합된 책이 별로 없다. 그 이유는 여객기는 크고 작은 부품 몇백만 개와 최첨단 기술을 이용하여 만든 비행기계로 그 구조나 시스템이 너무 복잡하기 때문일 것이다.

이러한 궁금증을 풀어주기 위해 40여 년 동안 대한항공에 종사하면서 터득한 지식과 모아두었던 자료를 정리하여 누구나 쉽고 재미있게 읽고 이해할 수 있도록 한 권의 책으로 엮어보았다. 이 책은 해외여행을 할 때 도움이 되는 항공안전 및 항공여행에 관한 이야기와 알고 나면 이용할 때마다 궁금증이 풀려 재미있어지는 여객기에 관한 이야기로 구성되어 있다.

여객기의 세계는 참으로 신기롭고 흥미로운 세계다. 신기로운 것이 풀리고 나면 재미있는 세계가 전개될 것이다. 이 책을 통해 우리 함께 항공여행과 여객기의 세계에 들어가 보기로 하자.

2014년 여름, 서울 화곡에서

화운 禾耘 이태원 李泰元

A

알면 안심되는
항공안전
이야기

항공여행은
얼마나 안전할까?

20세기 전반만 해도 여객기를 타고 하늘여행을 하는 것이 무서워 여객선을 이용하여 태평양을 건너 미국에 간 여행자들이 적지 않았다. 지금은 여객기가 두려워서 타지 않는 여행자는 거의 없다. 그만큼 항공기술의 진보로 여객기의 안전성이 향상된 것이다.

🔽
안전하게 정상 착륙 중인
여객기

'더 안전'한 여객기

그렇다 하더라도 자동차나 기차와 마찬가지로 여객기에도 '절대 안전'을 기대할 수는 없다. 여객기는 수백만 개의 부품을 조립하여 만든 하늘을 날아다니는 기계다. 그 기계를 만든 것도, 조종하는 것도, 그리고 정비하는 것도 모두 사람이다. 여객기도 다른 기계들처럼 고장이 날 수 있고 조종 잘못으로 사고가 날 수도 있다.

더욱이 여객기는 높은 하늘을 비행할 뿐만 아니라 기상의 영향을 가장 심하게 받는 교통기관이다. 기상의 영향을 별로 받지 않고 지상에서 움직이는 자동차나 기차보다 여객기가 훨씬 위험하다고 생각할 수 있다. 그런데 여객기를 조종하는 조종사에게 '어느 때 가장 위험을 느끼느냐'고 물어보면 집에서 공항까지 자동차를 타고 갈 때라고 대답한다. 한 해에 항공사고로 죽는 수보다 하루에 자동차 사고로 죽는 수가 훨씬 더 많다는 것을 생각하면 조종사의 대답에 수긍이 간다.

지난 20년 동안 전 세계에서 일어난 여객기 사망사고는 한 해 평균 20건 정도다. 이것은 여객기가 100만 번 비행하거나 여객기를 타고 50만 시간을 비행하면 한 번 정도 사망사고가 일어나는 발생률이다. 국제민간항공기구ICAO의 통계에 따르면, 1억 명의 여객을 1㎞ 수송할 때 사고로 사망하는 수가 자동차는 218명, 철도가 0.22명인데 비해 여객기는 0.07명밖에 안 된다. 이것은 여객기가 서울에서 뉴욕까지 12만 5,000번을 왕복 비행했을 때 한 명이 사망하는 정도의 사망률이다. 이처럼 항공수송은 다른 교통수단보다 상대적으로 안전하다고 할 수 있다.

여객기의 안전성은 항공기술의 진보와 항공수송시스템의 발달로 크게 향상되었다. 그렇더라도 여객기가 '절대 안전Absolutely Safe'하다고 할 수는 없다. 다만 다른 교통기관에 비해 여객기가 '더 안전More Safe'하다고 할 수 있다.

여객기는 안전한가?
(타임지의 표지)

최초의 하늘의 희생자

여객기가 개발되고 지금까지 많은 항공사고가 있었다. 항공사상 최초로 동력비행에 성공한 것은 미국의 라이트 형제였지만, 최초로 사망사고를 일으킨 것도 라이트 형제였다. 1909년, 미국 버지니아 주의 포트메이어에서 동생 오빌 라이트가 조종하던 라이트 복엽기가 25m의 높이로 비행하다가 추락했다. 이 사고로 같이 타고 있던 웨스트포인트 출신으로 맥아더 장군과 동기였던 셀프리지 중위가 사망했다.

이것은 군용기의 사고였지만, 민간여객기가 최초로 항공사고를 일으켜 승객이 사망한 것은 1920년에 영국에서였다. 핸들리 페이지-400 여객기가 런던을 출발해 짙은 안개 속을 비행하다가 기상 악화로 추락하여 조종사와 승객 두 명이 사망했다. 최초의 여객기 공중충돌 사고는 1922년에 프랑스 상공에서 일어났다. 프랑스의 그랑 익스프레스 항공의 여객기 파르망 골리아드와 영국의 다임러 항공의 여객기 DH-8이 공중에서 충돌하여 조종사와 승객 일곱 명이 사망했다.

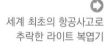
세계 최초의 항공사고로
추락한 라이트 복엽기

다양한 항공사고의 원인

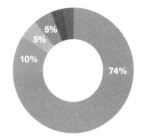

항공사고의 원인

그 이후 많은 항공사고가 발생했지만, 그 원인은 매우 다양하다. 여객기의 사고는 주로 조종사의 조종 잘못이나 기체의 결함 또는 고장이 원인이 되어 발생한다.

제트여객기가 취항한 이래 지금까지 약 60년간 일어난 항공사고의 원인을 보면, 조종사 잘못 74%, 기체 결함 10%, 악천후 5%, 공항·관제문제 5%, 정비 불량 3%, 기타 3%다. 조종 잘못으로 인한 항공사고가 가장 많다. 항공기술의 눈부신 진보로 지금은 기체나 엔진은 완벽에 가까울 정도로 안전성이 향상되어 이로 인한 항공사고는 크게 줄었다. 하이테크기인 B-747-400이나 B-777 같은 '제4세대 제트여객기'는 B-707이나 DC-8 같은 '제1세대 제트여객기'보다 두 배 이상이나 안전성이 높다.

조종 잘못으로 인한 사고의 대표적 예는 1977년 스페인 카나리아 군도의 라스팔마스 공항 활주로에서 미국의 팬 아메리칸 항공과 네덜란드의 KLM 항공 B-747이 정면충돌한 항공사상 최대의 사고로 580명이 사망했다.

기체 결함으로 인한 사고의 대표적인 예는 1985년 일본 국내에서 일어난 일본항공 B-747의 오스타카야마御巢鷹山 추락 사고다. 이 사고로 520명이 사망했다. 원인은 객실과 꼬리부분 사이에 설치돼 있는 압력차단벽의 균열 때문이었다.

기상상태의 악화로 인한 항공사고도 가볍게 볼 수 없다. 비행 중에 조종사들이 가장 두려워하는 기상현상은 하늘은 맑은데 예고 없이 덮치는 하늘의 복병 청천난류晴天亂流다. 이것은 일반적인 기상현상과 관계없이 갑자기 발생하기 때문에 여객기의 기상 레이더로도 미리 알지 못하는 경우가 많다. 마치 지상에서 어느 날 갑자기 지진이 일어나는 것과 같은 현상이다. 그리고 여객기가 이착륙할 때 문제가 되는 것은 옆바람橫風으로, 이로 인한 항공사고도 적지 않다.

⬆
긴급 비상착륙 중인
여객기

제트여객기의 경우 비행 중 쇳조각 같은 이물질이나 새가 제트엔진에 빨려 들어가 폭발하거나 엔진 고장을 일으키는 경우도 있다. 공중에서나 공항 내 지상에서 여객기가 다른 여객기나 지상 시설물과 충돌하여 사고가 발생하는 경우도 있다.

최근에는 테러로 인한 항공사고가 늘고 있다. 하이잭은 폭력적 수단으로 여객기를 강탈하여 점거하는 하늘의 범죄다.(여객기를 강탈하는 것을 최초로 하이잭 Hijack이라고 한 것은 1958년 2월 19일자의 영국의 더 타임즈였다.) 1948년 홍콩의 캐세이퍼시픽 항공의 여객기가 마카오-홍콩 비행 중 강탈된 것이 항공사상 최초의 하이잭이다. 주모자의 잘못으로 조종사를 사살해버려 여객기가 추락하여 전원 사망했다. 항공사상 최대의 하이잭은 2001년 9월 11일에 일어난 '아메리카 동시다발 테러사건'이다. 4대의 여객기가 동시에 하이잭되어 지상의 희생자까지 3천명 이상의 희생자가 발생했다.

마의 11분

여객기의 운항은 이륙-상승-순항-강하-착륙의 다섯 단계로 이루어진다. 이 중에서 항공사고의 약 70%가 '마魔의 11분 Critical Eleven Minutes'이라고 불리는 이륙할 때의 3분과 착륙할 때의 8분을 합친 이착륙 단계의 11분에서 일어난다.

통계적으로도 항공사고는 이륙할 때 28%, 착륙할 때 46%나 되어 항공사고의 4분의 3이 '마의 11분'에서 일어나고 있음을 알 수 있다. '마의 11분'은 조종사에게는 '공포의 11분 Fear Eleven Minutes'이다. 조종사가 여객기를 조종하면서 가장 긴장하고 신경을 집중하는 시간이다.

현재 여객기는 순항 중에는 조종이 거의 자동화되어 있다. 그렇지만 이착륙 단계에서는 자동조종으로 이착륙할 수 없고 조종사가 직접 조종하지 않으면 안 된다. 또한 이륙활주 중에 트러블이 생기면 급브레이크를 걸어 급정지를 할 것인지 그대로 이륙을 계속할 것인지를 조종사는 순간적으로 판단해야 한다. 이 '마의 11분'에 조종사의 긴장도가 최고로 높아져 그만큼 잘못을 일으킬 확률이 높다.

조종사 못지않게 객실승무원에게도 긴장하는 순간이 있다. 마의 11분 중에서도 이륙직전과 착륙직전 각각 30초씩 STS Silent Thirty Seconds라 불리는 "침묵의 30초"라는 것이 바로 그것이다. 이 30초 동안 객실승무원들은 시트에 앉아 조용히 눈을 감고 마음을 가라앉히며 비상사태 발생 시에 그 대응책을 머릿속에 그리면서 만일의 사태에 대비한다.

A2

여객기는 얼마나 안전하게 만들었을까?

여객기를 탈 때마다 누구나 궁금한 것이 타고 있는 여객기가 얼마나 안전하게 그리고 튼튼하게 만들어졌을까, 하는 것이다. 결론부터 말하면 여객기는 우리가 생각하는 것보다 훨씬 안전하고 튼튼하다. 그렇다면 과연 얼마나 안전하게 만들었는지 몇 가지 예를 들어 살펴보기로 하자.

⊙
비행 중 동체의 일부가 날아
가버린 상태로 비상착륙한
알로하 항공의 B-737(1988년)

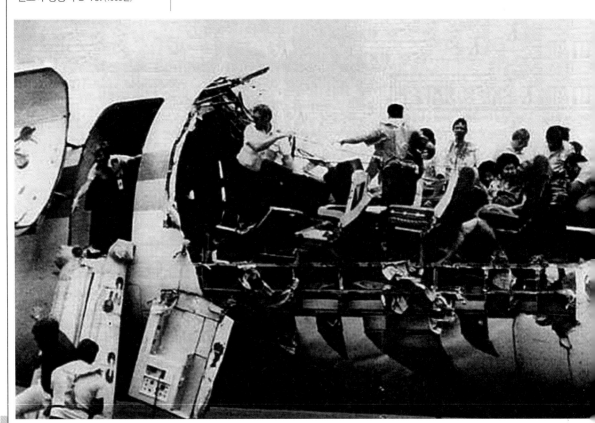

페일-세이프의 특수구조

여객기의 최대 사명은 '안전운항'이다. 그렇게 하기 위해서 여객기는 '페일-세이프 구조 Fail-Safe Construction, **파괴억제구조**'라고 불리는 특수구조로 되어 있다. 페일은 '실패' 혹은 '고장', 세이프는 '안전'하다는 뜻이다. 따라서 '페일-세이프'란 '여객기가 비행 중에 파괴되거나 고장이 나더라도 안전하다'는 뜻이다.

비행 중에 테러리스트가 기내에서 발포하여 기체에 구멍이 났을 때 여객기는 어떻게 될까? 그대로 추락해버리는 것일까? 아니다. 여객기는 비행 중에 그 일부가 파손되더라도 부분적 파손이 더 확대되어 추락하지는 않는다. 일부 파손된 상태로 안전하게 비행하여 가까운 공항에 비상착륙할 수 있도록 만들어져 있다. 몇 년 전 마닐라에서 동경으로 비행하던 필리핀 항공 여객기의 기내에서 시한폭탄이 터져 객실 바닥에 20㎝ 크기의 구멍이 생긴 사고가 발생했다. 이 여객기는 뚫린 구멍이 더 커져서 추락하지 않고 그 상태로 가까운 오키나와 공항에 무사히 긴급 착륙했다.

1988년에는 하와이의 알로하 항공 여객기 B-737이 비행 중에 금속피로가 원인이 되어 기체의 앞부분 천장 동체외판이 5m 정도 날아가 버린 사고가 발생했다. 그런데도 여객기는 가까운 공항에 긴급 착륙하여 승객 65명이 모두 무사했다.

다중구조의 장치들

여객기의 엔진, 조종장치, 항법장치 등 중요한 장치는 모두 2중 내지 3중으로 되어 있고 그것도 분산 배치되어 있다. 우선 여객기는 엔진이 두 개 이상이어야 한다. 엔진이 하나뿐인 단발기는 아예 여객기로 사용할 수 없다. 엔진이 두 개 이상이라야 여객기로 사용할 수 있는 것은 비행 중에 엔진 하나가 정지되더라도 나머지 엔진만으로 비행할 수 있어야 하기 때문이다. 비행 중에 엔진 하나가 정지할 수 있는 확률은 10만 비행시간에 1회, 두 개 이상의 엔진이 동시에 고장을 일으킬 확률은 10억 비행시간에 1회 정도다.

비행 중 엔진이 정지해도 비행할 수 있도록 만들어져 있는 여객기의 페일-세이프 구조

여객기의 바퀴는 두 개나 네 개, 최신 여객기에는 여섯 개가 한 세트로 장착되어 있다. 여객기의 착륙장치는 바퀴 하나만으로도 충분하도록 특수하게 만들었지만, 한 개의 바퀴가 펑크 나더라도 나머지 바퀴로 착륙할 수 있도록 되어 있다. 엔진이나 바퀴뿐만 아니라 조종실의 조종장치를 비롯하여 항법장치, 전기계통이나, 유압계통의 장치에 이르기까지 주요한 장치는 모두 두 개 이상이 장비되어 있다. 예컨대 전기계통의 경우 엔진마다 발전기가

하나씩 설치되어 있어 전기를 충분히 공급할 수 있다. 그런데도 고장이 날 경우에 대비하여 두 개의 예비 발전기까지 준비되어 있다. 더욱이 발전기가 고장 나서 전기가 부족할 때를 대비하여 화장실이나 커피를 끓이는 갤리 **기내 간이부엌**에는 자동적으로 송전이 차단되어 전기가 공급되지 않도록 설계되어 있다.

여객기의 조종시스템은 2중 3중으로 되어 있을 뿐만 아니라 분산해서 설치되어 있다. 자동시스템이 모두 고장 났을 때는 수동으로 조작할 수 있게 되어 있다. 최근에 개발된 B-747-400, B-777, A-330과 같은 '제4세대 제트여객기'는 '페일-세이프 구조'가 더욱 강화되어 여객기에서 가장 중요한 엔진, 유압, 전기, 조종 시스템이 모두 3중이나 4중의 다중구조 **多重構造**를 이루고 있다.

'페일-세이프 구조'의 덕을 본 대표적인 사례가 샌프란시스코 공항에서 일어난 팬 아메리칸 항공 B-747의 이륙사고다. 이륙 중에 동체의 아래 부분에 장비되어 있던 유압계통 장치 세 개가 모두 절단되어 사용할 수 없게 되어 매우 위험했다. 그런데도 천장 위에 분산 설치되어 있던 또 하나의 유압계통 장치를 사용하여 무사히 긴급 착륙했다. 그뿐 아니라 조종 잘못으로 인한 사고를 줄이기 위해서 각종 자동장치가 도입되어 여객기는 자동조종장치로 비행되도록 되어 있다.

여객기는 대부분 '페일-세이프 구조'로 되어 있으나 그렇게 할 수 없는 부분은 비행시간이나 비행회수로 기준을 정하여 그 기준을 넘으면 좀 더 사용할 수 있더라도 무조건 교환하도록 되어 있다. 엔진이나 바퀴가 대표적이다. 또한 조종사와 부조종사가 동시에 식중독에 걸리는 것을 방지하기 위해 식사 메뉴까지도 다르다. 이처럼 '페일-세이프 구조'는 여객기의 안전성 확보의 기본이다.

여객기의 항공사고 예방장치

여객기의 화재경보장치

항공사고를 예방하기 위해 사고의 원인이 되는 위험이나 긴급사태를 조종사가 미리 알 수 있도록 여객기에는 각종 경보장치가 있다. 조종사는 경보장치에 의해 여객기가 정상으로 작동하고 있는지를 그때그때 바로 알 수 있다.

여객기에 장착된 경보장치에는 자동조종장치나 화재경보장치 같이 여객기의 시스템이 정상으로 작동하지 않고 이상이 발생했을 때 알려주는 경보장치, 이륙 및 착륙 경보장치같이 이착륙에 필요한 장치가 올바르게 조작되지 않았을 때 알려주는 경보장치, 실속·속도·저고도·지상접근, 충돌방지같이 여객기의 비행상태에 이상이 발생했을 때 알려주는 경보장치 등이 있다. 더욱이 최근 개발된 최첨단 여객기는 각종 시스템의 작동상황이나 이상상태를 종합적으로 알 수 있는 통합시스템이 갖추어져 있다.

조종실에 장비되어 있는
각종 경보장치

오렌지색의 블랙박스

항 공사고가 일어날 때마다 단골메뉴로 나오는 것이 '블랙박스'다. 여객기의 사고는 일어나지 않도록 예방하는 것이 중요하지만, 일어난 사고의 원인을 정확히 조사하고 분석하여 이후에 그와 같은 사고가 다시 일어나지 않도록 하는 것도 중요하다. 그렇기 때문에 여객기에는 사고경위와 원인을 규명하기 위해 '블랙박스 Black Box'라고 불리는 튼튼한 강철로 만든 네모상자가 여객기의 동체 꼬리부분에 있다. 그 상자 속에 특수 장치인 '보이스 레코더'라고 불리는 '음성기록 장치 Cockpit Voice Recorder'와 '플라이트 레코더'라고 불리는 '비행 데이터 기록 장치 Flight Data Recorder'가 들어 있다.

플라이트 레코더와
보이스 레코더

'보이스 레코더'는 사고발생 당시의 상황을 알 수 있도록 조종실 내에서의 조종사의 대화내용이나 조종사와 객길승무원과의 대화내용, 관제기관과의 교신내용을 녹음해두는 장치다. 엔드리스 방식의 금속 테이프로 된 이 장치로 조종실 내에서 최후 30분간의 대화내용이 녹음되어 그 기록이 보존된다. 최신 여객기는 녹음시간이 120분으로 늘어났다.

'플라이트 레코더'는 여객기의 비행고도·속도·항로·엔진 상황 등 운항에 중요한 다섯 가지 자료를 기록하는 장치로 최후 25시간을 기록·보존한다. 최근에는 19가지 데이터를 기록하는 새로운 '디지털 비행자료 기록장치'가 개발되어 400시간의 자료를 기록·보존한다.

블랙박스는 1,100℃의 고열이나 1,000㎏의 충격에도 견딜 수 있고 위치를 알리는 초음파신호를 수심 6,000m의 바다 밑에서도 30일 동안 발신한다. 블랙박스라고 부르지만, 색깔은 검지 않고 산이나 바다에 추락한 경우에도 눈에 잘 띄는 형광 주황색이다. 블랙이라는 이름은 사고원인을 푸는 비밀 열쇠라는 뜻에서 붙었다. 이 장치는 미국 등 몇몇 나라에서만 그 내용을 해독할 수 있다.

절대 안전한
항공사가 있을까?

대부분의 여행자들은 항공운임을 항공사를 선정하는 기준으로 삼는다. 항공운임이 워낙 비싸다 보니 그럴 수밖에 없다. 그러나 이용할 여객기나 항공사의 안전성도 고려하지 않으면 안 된다. 가장 바람직한 것은 안전하면서 항공운임이 저렴한 항공사를 선정하는 것이다. 그렇지만 이용자가 그러한 항공사를 선정하기가 쉽지 않다. 여객기의 안전성은 기종과 여객기를 운항하는 항공사에 따라 수시로 달라지기 때문이다.

안전하면서도 운임이 저렴한
항공사를 고르기는 쉽지 않다.

어느 항공사가 안전하냐고 묻는 것은 잘못된 질문이다. 절대 안전한 여객기나 항공사는 없기 때문이다. 대표적인 예가 2000년에 타이베이 **臺北** 공항에서 일어난 싱가포르 항공의 대형사고다. 이 사고는 싱가포르 항공의 B-747 여객기가 태풍 직전의 폭풍우 속에서 이륙하려다 실패하여 일어난 사고로 사망자가 100명이 넘었다. 싱가포르 항공은 창업 이래 한 번도 사망사고가 없어서 세계적으로 안전한 항공사로 신뢰를 받아왔던 항공사다. 절대 안전한 항공사는 없기 때문에 '우리 항공사는 절대 안전하다'고 선전하지 않는 것이 항공사의 불문율이다.

현재 전 세계에 크고 작은 항공사가 1,300사 가까이 있고 국제선 정기 항공사가 약 300사나 된다. 이렇게 많은 항공사 중에서 안전성이 높은 항공사를 이용자가 스스로 선정하여 이용한다는 것은 사실상 어렵다.

그 많은 항공사 중 지금까지 항공사고를 한 번도 내지 않은 항공사를 찾기도 어렵지만, 그러한 항공사를 찾았다 하더라도 그 항공사가 반드시 안전한 항공사라고 보장할 수 없기 때문이다. 노선이나 요일에 따라서는 운항하고 있는 항공사가 하나밖에 없어 선택의 여지가 없는 경우도 있다.

스키아보의
맹목비행과 안전비행

몇 년 전, 미국 연방항공국FAA의 여객기 검사책임자였던 메리 스키아보가 쓴 책《맹목비행과 안전비행 Flying Blind, Flying Safe》이 미국에서 베스트셀러로 날개 돋친 듯 팔린 적이 있었다. 미국의 저가항공사인 밸류제트 항공이 플로리다의 호수에 추락하여 많은 승객이 희생되었다. 스키아보는 그 사고가 나기 전에 이 항공사가 안전성에 문제가 있다는 것을 지적하고 비행 정지 조치를 해야 한다고 건의했다. 그런데도 이를 허가하지 않은 FAA 장관을 고발하고 함께 물러난 여걸이다.

스키아보는 이 책에서 항공여행을 할 때 안전한 항공사의 선정 기준을 다음과 같이 열거하고 있다. 참고할 필요가 있는 권고라고 생각된다.

❶ 노후한 여객기를 사용하는 항공사는 피하라

노후 여객기더라도 부품을 교환하고 정비를 철저하게 하면 기본적으로 안전성에 문제가 없다. 그렇더라도 정기적으로 최신 여객기로 갱신하는 항공사를 선정하는 것이 바람직하다.

❷ 최첨단 여객기도 조심하라

노후 여객기를 피하는 것도 중요하지만, 신규로 개발된 최첨단 여객기도 일정 기간은 피하는 것이 바람직하다. 설계상 안전성이 완벽하고 엄격한 시험을 거쳐 개발하고 만들었어도 실제 운항을 했을 때 예상치 못한 결함이 나올 수가 있기 때문이다. 또한 조종사가 신기종에 익숙하지 못하여 새로 도입된 각종 최첨단 조종시스템을 잘못 조작할 수도 있다.

❸ 최근 연속해 사고를 일으킨 항공사를 조심하라

최근 2~3년 내에 항공사고를 연속적으로 일으킨 항공사는 될 수 있는 대로 피하는 것이 좋다. 여객기는 미국의 보잉사나 유럽의 에어버스사 같은 세계적으로 유명한 제조회사가 제조한 여객기를 선정하는 것이 바람직하다. 특히 미국 연방항공국의 인증이 없는 여객기, 그리고 각국 항공당국의 비행정지 조치나 항공안전 관련 경고를 받은 항공사는 이용하지 않는 것이 좋다.

④ 비정상 운항이 잦은 항공사는 피하는 것이 좋다

가장 유념해야 할 것은 최근 몇 년 동안에 사고를 일으킨 항공사보다는 최근 1년 동안에 잦은 기체의 고장, 엔진 트러블, 운항 지연, 운항 취소 등의 비정상 운항이 자주 있었던 항공사, 그리고 항공당국으로부터 비행정지 조치를 받은 항공사는 피하는 것이 좋다. 비정상 운항은 항공사고를 일으킬 가능성이 크다는 것을 알려주는 빨간 신호라고 볼 수 있기 때문이다.

⑤ 오랜 역사를 가진 항공사를 선택하라

충분한 경험이 없는 신설 항공사보다는 오랜 역사를 갖고 경험이 풍부한 항공사를 선정하는 것이 바람직하다. 신설 항공사는 장비 체제나 조종사의 훈련이 제대로 되어 있지 않을 수가 있기 때문이다.

⑥ 운임이 저렴한 항공사는 더 위험할 수 있다

항공운임이 지나치게 저렴한 항공사는 피하는 것이 좋다. 그러한 항공사는 원가삭감을 위해 노후 여객기를 사용하거나 정비를 제대로 하지 않거나 불량 부품을 사용하거나 조종사의 훈련을 반복해서 실시하지 않거나 안전관리를 소홀하기 쉽기 때문이다.

⑦ 직항이 덜 위험하다

도중 경유지가 많은 항공편보다는 직행 항공편을 선정하는 것이 바람직하다. 도중 경유지가 많다는 것은 그만큼 이착륙 횟수가 많기 때문이다. 항공사고의 대부분이 '마의 11분'인 이륙할 때와 착륙할 때 일어난다. 태풍, 허리케인, 폭우, 폭설, 강풍과 같이 기상이 아주 나쁠 때는 아예 항공여행을 하지 않는 것이 현명하다.

항공여행을 할 때 이용할 항공사나 여객기를 선정하는 데 있어서 신설된 항공사보다는 역사가 오랜 항공사, 적자로 허덕이는 항공사보다는 흑자를 내고 있는 경영이 튼튼한 항공사, 후진국 항공사보다는 선진국 항공사, 경유지가 많은 항공편보다는 직행 항공편, 구형기보다 신형기, 야간편보다는 주간편 그리고 정기성과 정시성을 잘 지키는 항공사를 선정하는 것이 중요하다.

일반적으로 항공사고율은 선진국보다 후진국이 높다. 그중에서도 특히 아프리카와 서남아시아 지역이 높다. 유럽연합^{EU}은 안전성에 문제가 있는 항공사나 기종을 선정하여 EU 지역 내의 비행을 금지하는 블랙리스트를 매년 정기적으로 발표하고 있다. 2013년에 발표된 항공사 가운데는 북한의 고려항공 **高麗航空**이 포함되어 있다. 블랙리스트에 포함된 항공사는 피하는 것이 좋다.

보딩라운지

여객기 이용자가 항공사고를 막을 수는 없다. 그렇지만 여객기나 항공사의 안전성에 좀 더 관심을 가질 필요는 있다. 항공사고에 관한 각종 정보를 제공해주는 온라인 사이트 중에서 가장 알기 쉽게 되어 있는 웹사이트가 '에어세이프 www.airsafe.com'이다. 이 온라인 사이트에서 연도별, 국가별, 항공사별, 기종별 사고 관련 상세한 정보를 얻을 수 있다.

Flightradar24사이트는
운항하는 모든 여객기의
실시간 정보를 볼 수 있다.

또한 '플라이트레이더24 www.flightradar24.com'는 운항하고 있는 모든 여객기의 비행 정보를 실시간으로 한눈에 확인할 수 있다. 뿐만 아니라 모든 공항의 운항정보와 현재 기상상태까지 체크할 수 있다.

특별히 안전한
좌석이 있을까?

모임에 가면 '여객기의 좌석 중에 특별히 안전한 좌석이 있느냐? 있다면 어느 좌석이냐?'라는 질문을 가장 많이 받는다. 누구나 궁금하고 알고 싶은 질문이다. 그러나 안타깝게도 통계적으로 보면 특별히 안전하다고 할 수 있는 좌석은 없다. 항공사고가 어떻게 일어나느냐에 따라 안전한 좌석과 그렇지 못한 좌석이 그때그때 달라지기 때문이다. 어디에 앉으나 여객기의 좌석은 안전하다. 그리고 마찬가지로 위험하다.

안전매뉴얼 준수가 먼저

안전한 좌석을 찾는 것보다 긴급사태가 발생했을 때 어떻게 해야 하는지를 알아두는 것이 더 중요하다. 항공사고가 나서 여객기가 추락하거나 긴급착륙을 하면 대부분의 경우 비상착륙에 따른 충격과 착륙 직후에 발생하는 화재나 유독가스 때문에 희생된다. 그렇기 때문에 여객기가 비상착륙하게 되면 충격방지 자세를 취해야 한다. 그리고 비상착륙을 하고 나면 90초 이내에 여객기에서 탈출해야 한다.

확률적으로는 여객기의 추락으로 인한 충격에 대비해서는 충격이 큰 기체의 앞쪽보다는 충격이 작은 뒤쪽 좌석, 화재로 인한 희생에 대비해서는 창문 쪽보다는 여객기로부터 조금이라도 빨리 탈출할 수 있는 통로 쪽 좌석이 더 안전하다고 한다. 그러나 확률적으로는 그렇게 생각할 수 있으나 실제로 반드시 그렇지는 않다. 미국의 교통안전위원회 NTSB는 여객기에 특별히 안전한

여객기의 좌석.
특별히 안전한 좌석은 없다.

좌석이 있다는 것을 공식적으로 부인하고 있다.

항공사고가 났다 해서 모두가 다치거나 희생되는 것은 아니다. 지난 20년 동안 미국에서 일어난 항공사고의 경우 승객의 생존율이 생각보다 높다. 대부분이 사망했는데도 가벼운 부상만 입고 생존한 승객도 적지 않다. 대표적인 예가 2007년에 일어난 차이나 에어라인 B-737-800의 오키나와 공항에서의 엔진 폭발사고다. 이 여객기는 활주로에 무사히 착륙하고 지상 활주 중에 엔진에서 화재가 났으나 객실승무원의 지시에 따라 1분 만에 165명의 승객이 침착하게 긴급 탈출하여 전원 무사했다. 탈출 직후에 바로 연료탱크가 폭발하여 기체가 화염에 싸였다.

호텔에 투숙할 때 비상계단의 위치를 확인하듯이 항공여행을 할 때도 항공사고가 났을 때 어떻게 대처해야 하는지를 각자 미리 알아두었다가 당황하지 말고 차분히 대처하는 것이 매우 중요하다. 항공사고가 발생해 초를 다투는 비상상황에서 객실승무원에게 어떻게 해야 하는지 물을 시간적 여유도 없고 다른 승객의 도움을 받을 수도 없기 때문이다.

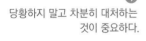
당황하지 말고 차분히 대처하는 것이 중요하다.

안전매뉴얼부터 숙지하라

항공사고가 나서 불시착을 하더라도 살아남을 것을 조금이라도 기대한다면 안전좌석을 찾기보다는 어느 좌석에 앉든 좌석 앞주머니에 비치되어 있는 안전을 위한 설명서인 안전매뉴얼을 읽고 앞쪽 스크린에 방영되는 안전에 관한 비디오를 보고 그대로 지키는 것이 더 중요하다.

대부분의 승객들이 여객기에 탑승하면 좌석에 앉자마자 신문부터 본다. 이것은 잘못된 습관이다. 스스로의 안전을 지키기 위해서는 신문보다는 안전매뉴얼 Safety Briefing Card을 먼저 읽어야 한다. 그 속에 항공안전에 관한 유의사항이 모두 실려 있기 때문이다. 더욱이 안전벨트, 구명조끼, 산소마스크의 사용법을 설명하고 구명조끼와 비상도어의 위치를 안내해주는 객실승무원의 안전데모 Emergency Demonstration도 관심을 갖고 보고 들어야 한다.

비상사태에 직면했을 때 긴박한 상황에서 무엇을 어떻게 해야 하는지, 비상도어가 어디에 있는지, 구명조끼나 산소마스크를 어떻게 사용하는지를 알고 있는 것이 스스로를 지키는 지름길이다.

A=380의 안전매뉴얼

의자뒤에 고정되어 있는
안전매뉴얼

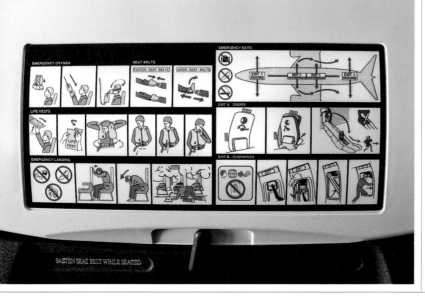

반드시 비상도어를 확인해라

가장 중요한 것이 비상도어의 위치와 비상도어까지의 거리를 확인해두는 것이다. 여객기가 비상착륙했을 때 가장 가까운 비상도어는 어디에 있는지, 그리고 기내 조명이 꺼져 앞이 보이지 않을 때 대비하여 현재 앉아 있는 좌석에서 몇 번째 좌석으로 가야 비상도어가 있는지를 확인해두어야 한다. 비상사태가 닥치면 당황하여 가까이에 비상도어가 있는데 탑승한 문으로 가거나 어디 있는지 몰라 우왕좌왕하는 경우가 많다.

여객기가 비상착륙하면 승무원의 지시를 따라 비상구를 찾아 사고기로부터 탈출해야 한다. 이 때 승객은 탈출용 미끄럼대를 이용하게 되는데 몸을 뒤로 젖히면 안 된다. 팔을 앞으로 뻗고 몸이 앞으로 기울어지는 자세로 미끄러 내려가야 하며 신발을 벗어야 한다. 신발이 미끄럼대를 못 쓰게 만들 수 있기 때문이다.

⊙
비상구를 안내해주고 있는
객실여승무원의 안전데모

비상착륙했을 때
충격을 막아주는 안전벨트

비상사태에 직면하면 최우선적으로 안전벨트부터 매야 한
다. 객실의 의자는 가벼우면서 튼튼한 알루미늄 합금으
로 만들어져 있어 비상착륙을 하더라도 충격으로 부서지지 않
는다. 객실의자의 안전기준은 국가별로 조금씩 다르지만, 일반적
으로 강도가 아래로는 승객의 표준체중**77kg 기준**의 14배, 앞으로
는 시속 48㎞의 속도로 충돌했을 때의 무게와 힘을 견딜 수 있
어야 한다. 그렇기 때문에 안전벨트를 매고 있으면 지상에 충돌
했을 때 충격을 막아준다.

안전벨트는 허리뼈 아래 낮은 위치에 매야 한다. 배 위에 매면
큰 충격을 받았을 때 내장을 손상할 수 있다. 담요를 배와 가
슴에 두르고 그 위에 벨트를 매면 내장을 보호하는 데 매우 효
과적이다. 안전벨트를 짧은 시간에 푸는 연습도 필요하다. 자동
차의 안전벨트에 익숙해져 있어 안전벨트를 허리 옆에서 풀려
는 경우가 많다.

산소마스크의 사용방법도 익혀두라

만미터 이상의 높은 하늘을 비행하던 중 여압장치가 고장 나거나 기체에 구멍이 나면 급격하게 기내의 여압이 내려가 급감압^{急減壓}이 일어난다. 그러면 기내의 기압과 온도가 내려가고 산소 부족상태가 되어 20초가 지나면 의식을 잃고 만다.

이러한 사태에 발생하면 조종사는 여객기를 산소마스크가 없어도 숨쉴 수 있는 고도까지 긴급 강하한다. 긴급 강하하는 동안에 필요한 비상용 산소를 공급할 수 있게 여객기에는 산소발생장치와 산소마스크가 갖추어져있다. 산소부족 상태를 방지하기 위해 여객기 내에서는 자동적으로 천정에서 산소마스크가 내려온다.

예로서 유나이티드 항공의 B-747이 호놀룰루를 이륙한 후 태평양 상공에서 갑자기 화물실의 도어가 열리면서 기체에 구멍이 났다. 그 결과, 급감압이 일어나 승객 9명이 기체 밖으로 빨려 나가버렸다. 남은 승객 343명은 여객기가 안전하게 호놀룰루 공항에 비상착륙하여 긴급 탈출에 성공했다. 여객기의 이륙 직전에 안전매뉴얼을 읽거나 안전 비디오나 객실승무원의 산소마스크의 사용데모를 유심히 보아두었다가 객실 내가 급강압되어 산소마스크가 내려오면 바로 사용할 수 있어야 한다.

◐ 산소마스크의 사용방법

충격방지자세를 알아둬라

수하물은 반드시 수화물 칸에 넣어야 하며 앞좌석 밑에 두어도 안 된다. 볼펜처럼 뾰족하거나 금속제 물건은 주머니에서 꺼내 앞좌석의 주머니에 넣어야 한다. 이런 것들이 비상착륙 때 모두 흉기나 방해물이 된다. 좌석의 등받이를 똑바로 세우고 담요나 베개를 몸과 등받이 사이에 넣어 좌석에 몸이 부딪혀 다치는 것을 방지해야 한다.

여객기가 긴급 착륙할 때는 충격에 대비하여 반드시 몸을 움츠려 충격방지자세**안전자세**를 취해야 한다. 이 자세를 취함으로서 몸이 고정되어 착륙의 충격으로 몸이 앞으로 튀쳐나가는 것을 방지할 수 있다. 충격방지자세는 앉아있는 클래스나 좌석의 위치에 따라 다르니 미리 알아두어야 한다. 또한 호수나 바다에 내릴 경우에 대비하여 구명조끼가 좌석의 어디에 있는지를 확인해두어야 한다. 그 밖에 여성승객은 기내화재에 대비하여 스타킹을 벗어야 한다.

항공사고는 언제나 돌발적으로 발생한다. 항공여행 때는 항상 비상사태에 대비해야 한다. 사고에 전혀 대비하지 않고 있는 승객이 희생되는 경우가 더 많다. 항공사는 사고가 나지 않도록 안전운항에 최선을 다해야 한다. 이에 못지않게 여객기를 이용할 때 사고에 대비하여 항상 스스로를 지킨다는 자세가 중요하다.

⬆ 충격방지자세

⬇ 구명조끼의 착용 방법

여객기에는
왜 도어가 많을까?

여객기에는 도어의 종류가 많다. 승객이 타고 내리는 출입도어, 화물이나 수하물을 싣고 내리는 화물도어, 기내 서비스용 음료나 물품을 싣는 데 사용하는 서비스도어, 그리고 긴급사태 발생 시 승객이 비상 탈출하기 위해 사용하는 비상도어가 있다. 이들 도어 중 가장 중요한 것이 비상도어다. 출입도어는 이륙하고나면 비상도어로 바뀐다.

🔽
각종 도어가 많은 여객기.
왼쪽 출입도어,
오른쪽 서비스도어

여객기 도어의 구조

제트여객기를 탑승할 때 동체의 왼쪽에 있는 은행의 금고 문같이 생긴 큰 문을 지나 기내로 들어간다. 여객기의 도어는 왜 이렇게 크고 튼튼하게 만드는 걸까? 여객기를 가볍게 만들기 위해 동체의 외판**外板**처럼 얇고 작게 만들면 안 되는 걸까? 높은 하늘을 비행하는 여객기는 바깥 기압과 기내 기압의 차가 크다. 기내의 기압이 바깥 기압보다 거의 네 배가 높다. 그렇기 때문에 도어의 안쪽에 매우 큰 힘이 작용한다. 대형기인 B-747의 경우 도어가 받는 힘이 13톤이나 된다.

이처럼 비행 중에 여객기의 도어는 큰 힘을 받기 때문에 튼튼하지 않으면 안 된다. 도어의 크기도 도어의 안쪽이 크고 바깥쪽이 작아 도어가 동체의 벽에 밀착되도록 되어 있다. 그렇기 때문에 비행 중에는 사람의 힘으로 도어를 절대로 열 수 없다. 지상에서 출입도어를 열 때는 도어를 기내로 당긴 다음에 다시 밀어내서 열어야 한다.

여객기의 도어는 기본적으로 안으로 열리지 않고 바깥으로만 열리게 되어 있다. 안으로 열게 하면 승객의 좌석을 줄여야 하고 또한 긴급할 때 승객이 몰리면 도어를 열 수 없게 되기 때문이다. 출입도어나 비상도어는 전동이나 유압으로 열고 닫게 되어 있지만, 대부분의 경우 수동으로 열고 닫는다.

여객기의 출입도어 겸
비상도어

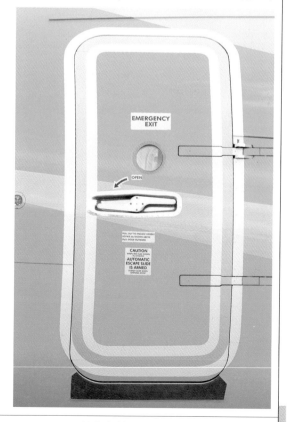

출입도어가 왼쪽에 달린 이유?

여객기를 타고 내리는 출입도어는 동체의 왼쪽에 붙어 있다. 왜 왼쪽에 있을까? 공항이나 여객기에 사용되고 있는 용어에는 선박에서 유래된 용어가 많다. 기체를 십Ship, 기장을 캡틴Captain, 객실을 캐빈Cabin, 승무원을 크루Crew, 공항을 '하늘의 항구'라는 뜻으로 에어포트Airport라고 부른다. 여객기의 출입구가 왼쪽에 있는 것도 항공용어처럼 여객기가 개발되기 전에 주요한 교통기관이었던 선박에서 유래된 것이다. 선박은 왼쪽이 부두에 닿도록 정박한다. 그래서 왼쪽을 포트사이드port-side라고 부른다. 여객기도 이 전통에 따라 왼쪽으로 타고 내린다.

동체의 왼쪽으로 타고 내리게 되어 있는 여객기

가장 중요한 비상도어

여객기의 도어 중에서 가장 중요한 것이 비상도어다. 출입도어는 동체의 왼쪽에 있지만, 비상도어는 동체의 양쪽에 일정한 간격으로 여러 개가 있다. 이 비상도어는 여객기의 객실 좌석 수에 따라 도어의 크기와 수가 정해진다. 미국의 연방항공규칙 FRA의 안전기준에 따르면 여객기가 비상착륙했을 때 비상도어의 50%만 사용한다는 전제 아래 승객과 승무원 전원이 90초 이내에 탈출할 수 있도록 비상도어가 갖추어져 있어야 한다. 왜 50%일까? 여객기가 비상착륙을 했을 때 기체의 바깥에 화재가 발생하거나 충격으로 인해 비상도어가 망가져 그 일부를 사용하지 못할 수도 있기 때문이다.

비상도어의 수는 여객기의 크기에 따라 다르다. 초대형기인 A-380은 16개의 비상도어가 있다. B-747의 비상도어는 폭이 107㎝, 높이가 180㎝로 크다. 비상도어를 이렇게 크게 만든 것은 두 사람이 동시에 탈출할 만큼 커야 90초 내에 승객 모두가 탈출할 수 있기 때문이다.

여객기의 비상도어에는 고무로 만든 비상탈출용 미끄럼대인 탈출용 슬라이드 Escape Slide가 들어 있다. 긴급피난이 필요할 때 비상도어를 열면 자동으로 팽창하여 비상탈출용 미끄럼대가 되어 아래로 펼쳐진다. 그러면 승객이 신속하게 미끄러져 내려갈 수 있다.

비상도어를 여는 방법은 좌석 주머니에 들어 있는 '안전매뉴얼'에 그림과 함께 설명되어 있다. 긴급 시에 대비하여 승객도 비상도어를 여는 방법을 알아두는 것이 도움이 되기 때문이다. 비상도어를 여는 방법은 기종별로 조금씩 다르다. 긴급 시에도 객실승무원의 지시를 받고 열어야 한다. 도어의 바깥쪽에 화재가 나 있을 때는 비상도어를 열면 안 되며 다른 비상도어를 이용해야 한다.

기종별 비상도어의 수	
기종	비상구
B-737	6
A-300-600	8
B-787	8
B-777-300	10
B-747-400	12
A-380	16

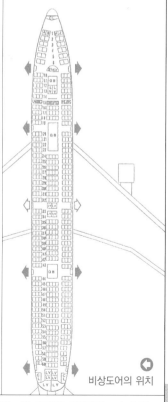

비상도어의 위치

도어 모드의 자동변경

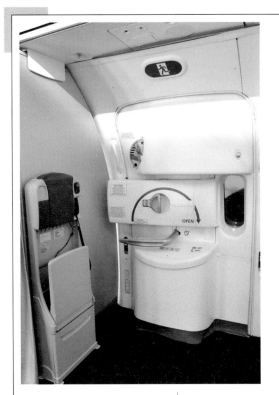

여객기의 출입도어는 승객 한 사람이 드나들기에는 크다. 이것은 출입도어가 비상시에는 비상도어가 되어 동시에 두 사람씩 내려야 하기 때문이다.

여객기가 출발하기 직전에 객실사무장이 업무방송으로 객실승무원에게 '도어 모드Door Mode를 자동Armed으로 변경하라'고 지시하는 것을 들을 수 있다. 승객들은 출입도어를 안전하게 닫으라는 것으로 생각하기 쉽다. 이것은 도어의 기능을 출입도어에서 비상도어로 바꾸라는 지시다. 출입도어가 비상도어로 바뀌면 도어를 열면 비상탈출용 미끄럼대가 자동으로 펼쳐진다. 목적지 공항에 도착하면 출입도어를 열기 전에 도어 모드를 수동으로 바꾸라고 지시한다. 그러면 모드를 되돌려놓아야 한다.

객실 내부에서 본 비상도어

구명보트로 바뀌는 비상도어

구명보트가 펼쳐진 모습

여객기가 바다나 호수에 불시착할 때를 대비하여 출입도어에 부착된 비상탈출 미끄럼대는 구명보트Life Raft가 된다. 2009년 1월, 뉴욕의 허드슨 강에 여객기가 새때와 충돌하여 엔진이 모두 정지한 채 불시착한 사고가 일어났다. 기장은 여객기에 준비되어 있던 구명보트를 띄워 승객 전원을 구출했다. 구명보트에는 바닷물에 젖으면 SOS 전파를 발신하는 장치를 비롯하여 구조기에 신호를 보내는 거울, 불빛신호탄, 그 밖에 바닷물을 식수로 정제하는 정수기, 나침반, 물통, 성냥, 손전등 등 생존용품Survival Kit이 갖추어져 있다.

조종석 왼쪽좌석뒤에 비치되어
있는 소화기와 도끼(B-787)

조종실에 도끼가 있다

조종실의 출입문은 기체안 객실과 통하기 때문에 하이잭이나 관계자이외의 진입을 방지하기 위한 특수 장치가 붙어 있다. 이전에는 비교적 간단한 장치이었지만, 미국의 911테러사건 이후 매우 견고해졌고, 출입절차도 상당히 까다로워졌다. 조종실에는 반드시 작은 도끼가 비치되어 있다. 길이 38㎝, 무게 1,133g의 작은 도끼다. 우리나라의 항공법도 구명조끼, 구명보트, 음성신호 발생기, 구급의료용품과 함께 도끼를 갖추도록 규정하고 있다. 따라서 B-747은 물론 A-380의 조종실에도 도끼가 비치되어 있다. 비상착륙했을 때 운항승무원의 비상탈출용으로 창을 깨거나 도어를 부수는 데 사용한다. 조종실의 조종석 뒷벽에 걸려 있다.

여객기가 하늘에서
길을 잃지 않는 이유?

하루에도 몇백 대의 여객기가 인천국제공항을 출발하여
세계 주요 도시로 여객을 수송하고 있다. 비행 중에 여
객기의 창밖을 내다보면 보이는 것은 끝없이 넓은 푸른 하늘
과 흰 구름뿐이고 밤에는 캄캄한 밤하늘에 별이 빛날 뿐이
다. 하늘에는 이정표나 신호등이 없는데도 여객기는 길을 잃
지 않고 비행하여 목적지에 그것도 정해진 시간에 도착한다.
어떻게 그럴 수 있을까? 여객기가 하늘의 미아^{迷兒}가 되지 않
는 것이 신기하다.

하늘의 고속도록
에어웨이

하늘의 고속도로, 항공로

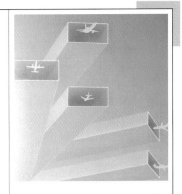

네모 터널로된 항공로

여객기는 자유로이 하늘을 비행하는 것 같지만, 실제로는 그렇지 않다. 하늘에는 여객기가 비행할 수 있는 하늘과 비행할 수 없는 하늘이 정해져 있다. 더욱이 하늘에도 지상에서처럼 여객기 전용의 고속도로가 동서남북 사방으로 거미줄같이 설정되어 있다. 여객기는 항공로 airway라고 불리는 하늘에 설치된 '하늘길'에서만 비행할 수 있다. 그 넓은 하늘을 비행해도 길을 잃지 않는 것은 항공로가 있기 때문이다.

항공로는 여객기가 안전하고 질서 있게 운항할 수 있도록 하늘에 설정되어 있는 일정한 폭**보호공역**을 가진 통로 **비행경로**다. 지상에서 발사된 전파를 이용하여 항공로가 설정되어 있기 때문에 하늘에 길이 있는데도 우리 눈에는 보이지 않는다.

항공로는 어떻게 생겼을까?

지상의 도로는 대부분 단층구조다. 그러나 항공로는 공항과 공항 사이에 일정한 폭과 높이를 가진 사각형의 터널이 몇 겹씩 쌓여 있는 다층구조에 모든 교차로가 입체교차로를 이루고 있다. 항공로는 사방으로 매우 복잡하게 얽혀 있지만, 여객기는 항공로만 따라 비행하면 교통신호를 기다릴 필요도 없이 빠른 속도로 안전하게 비행할 수 있다.

여객기는 항공로를 비행할 때 좌측통행도 우측통행도 아닌 중심선을 따라 비행한다. 여객기는 일정한 고도차로 비행하도록 되어 있어 마주 오는 여객기가 같은 고도로 비행해 오는 경우는 없기 때문이다.

복잡하게 얽혀있는 하늘길.

고고도와 저고도 항공로

고도 2만 9,000피트^{약 8.8km}를 기준으로 항공로는 고고도 항공로와 저고도 항공로로 나누어져 있다. 고고도 항공로는 그 폭이 10마일^{약 16km}로 지상의 고속도로에 해당한다. 주로 중장거리 제트여객기가 비행하는 전용항공로로 '제트 루트^{Jet Route}'라고도 불린다. 저고도 항공로는 그 폭이 8마일^{약 13km}로 지상의 일반도로에 해당한다. 주로 프로펠러 여객기나 단거리 제트여객기가 비행하는 항공로로 '빅터 항공로^{Victor Airway}'라고도 불린다.

항공로의 고도간격은 고고도 항공로에서는 2,000피트^{600m}, 저고도 항공로에선 1,000피트^{300m}의 간격으로 설정되어 있다. 그리고 같은 항공로에서 같은 방향으로 비행하는 여객기의 앞뒤 비행 간격은 20마일^{32km}로 규제되고 있다.

항공로에는 지형의 상태나 무선시설의 전파 도달거리 등을 고려하여 최저안전고도가 설정되어 있다. 계기비행을 하는 여객기는 이 최저안전고도 이하로 비행할 수 없다. 경부고속도로처럼 모든 도로에는 이름이 붙어 있듯이 항공로에도 국제민간항공기구^{ICAO}가 정한 이름이 붙어 있다. 서울에서 뉴욕으로 가는 북태평양항공로의 북방항로에는 세 개의 항공로가 있는데 그 이름이 A590, R591, G34다.

항공로는 남북으로 연결된 국제선 간선항공로에는 노란색, 지선항공로는 파란색으로 표시하고 동서로 연결된 국제선 항공로는 초록색, 지선항공로는 붉은색으로 항공지도에 표시된다.

하늘의 교통신호와 교통경찰

하늘에는 항공로만 있는 것이 아니고 항공교통의 질서를 유지하기 위한 교통신호도 있고 교통경찰도 있다. 여객기는 엄격한 하늘의 교통질서를 지키면서, 그리고 하늘의 교통경찰인 관제기관의 감시를 받으면서 항공로를 따라 비행한다. 여객기의 이러한 비행을 계기비행計器飛行이라고 한다. 따라서 여객기가 출발지 공항을 이륙하여 목적지 공항에 도착할 때까지 조종사는 한 번도 지상을 내려다보지 않더라도 그리고 야간이나 기상이 나쁠 때에도 안전하게 비행할 수 있다.

여객기가 안전하게 비행할 수 있는 것은 지상 곳곳에 여객기의 운항을 도와주고 지켜주는 하늘의 교통신호인 항행원조시설Navigation Aid System이 있기 때문이다. 무선전화나 전파, 레이더 등을 이용하여 여객기 운항에 필요한 정보를 보내주고 있어 조종사는 여객기의 비행방향, 위치, 고도, 속도를 항상 정확하게 알 수 있다.

항법장치Navigation System는 여객기가 운항하는 데 있어서 눈의 역할을 하는 장치로 자동조종장치, 항법원조장치, 경보장치, 기

항법원조장치

록장치 등이 있다. 자동조종장치는 여객기를 자동적으로 조종하는 장치로 자동조종장치, 자동착륙장치, 자동추력제어장치가 있다. 항법원조장치에는 고도계, 속도계, 자세방향지시기, 전자항법원조장치, 관성항법장치, 기상 레이더, 자동방향탐지기, 거리측정장치 등이 있다. 경보장치는 화재의 발생, 이상비행, 지상에의 이상접근, 계기의 이상 지시, 부적절한 조작이 일어날 경우 조종사에게 경보나 경고등으로 이상을 알려주는 장치다. 이러한 장치에는 화재경보장치, 실속경보장치, 속도초과경보장치, 지상접근경보장치, 이륙경보장치, 착륙경보장치, 공중충돌방지장치 등이 있다.

조종실에는 방향을 알려주는 방향표시계, 얼마나 높이 비행하고 있는지를 알려주는 고도계, 얼마나 빠른 속도를 비행하고 있는지를 알려주는 속도계, 여객기가 지상에서 발사되는 전파 위를 통과하면 자동적으로 불이 켜지는 위치 표지등, 폭풍우를 사전에 탐지하여 피할 수 있도록 해주는 기상 레이더 등의 항법장치가 있다. 이러한 장치들이 여객기가 비행 중에 하늘의 교통규칙을 지키면서 목적지에 안전하게 도착하도록 해주는 파수꾼 역할을 하고 있다. 최근에는 위성통신이 발달하면서 위성항법장치 GPS, Global Positioning System가 사용되고 있다.

항법장치 외에 여객기의 안전비행을 위해 중요한 역할을 해주고 있는 것이 하늘의 교통경찰인 항공관제사다. 관제사는 복잡한 공항의 교통을 정리해주고 여객기가 안전하고 질서 있게 이착륙하도록 유도해주고, 비행하고 있는 항공기의 안전을 지켜주는 등 하늘의 교통정리를 해준다.

여객기를 운항하기 위해서 항공사는 활주로까지의 주행경로 지정, 이륙허가, 이륙 후의 항공로까지 진로나 비행고도, 착륙허가 등 비행계획에 관제관의 승인을 받아야 한다.

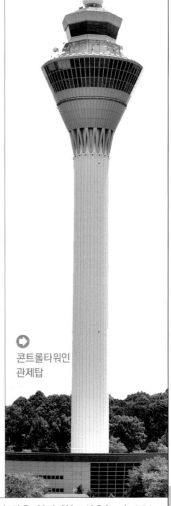

콘트롤타워인
관제탑

여객기에 벼락이 떨어지면 어떻게 될까?

여객기가 안전하게 그리고 경제적으로 운항하는 데는 기상이 미치는 영향이 매우 크다. 여객기는 기상조건을 최대로 이용하여 안전하고 효율적으로 운항하기 위하여 동체의 머리 부분에 '기상氣象레이더'를 장착하여 항공로상의 기상상황이나 악천후 영역을 미리 탐지하며 비행한다.

목적지 공항에 도착하면 공항의 최저기상조건, 횡풍제한, 활주로의 기온, 바람 등 기상상황, 악천후 등을 확인 한후 착륙한다.

여객기의 운항과 공기밀도·기온과의 관계

여객기와 가장 밀접한 관계가 있는 기상요소는 공기밀도와 기온이다. 공기밀도는 여객기의 속도와 밀접한 관계가 있다. 하늘로 높이 올라갈수록 공기밀도가 낮아져 공기의 저항이 줄어들어 같은 연료로 더 빨리, 그리고 더 멀리 비행할 수 있다. 제트여객기가 10,000m 이상의 고공을 비행하는 것이 이 때문이다.

기온이 높아지면 추력이 작아진다. 따라서 여객기가 이륙할 때 활주로의 기온이 표준보다 높으면 여객이나 화물의 탑재량을 줄여야 한다. 또한 기압이 낮으면 여객기의 상승률이 저하되므로 이륙할 때 속도를 높여야 한다.

번개는 비행에
크게 영향을 미치지 않는다.

여객기와 안개·비구름·바람

여객기가 이착륙할 때 영향을 미치는 기상현상으로 안개, 비구름, 바람이 있다. 안개가 심하거나 비구름이 고도 200피트**61m**이하로 낮아지면 여객기는 이착륙할 수 없다. 안개나 비구름이 육안으로 볼 수 있는 거리**시정**에 영향을 미치기 때문이다. 바람도 여객기의 운항에 심한 영향을 미친다. 풍향이나 풍속에 따라서는 여객기가 이착륙을 할 수 없을 때가 있다. 여객기는 정면에서 불어오는 맞바람**정풍**에는 강하지만, 옆에서 불어오는 옆바람**횡풍**이나 뒤에서 불어오는 뒷바람**추풍**에는 매우 약하다.

옆바람은 순항 중이거나 이륙할 때는 비교적 쉽게 피할 수 있지만, 착륙할 때는 피하지 못하여 심각한 사태에 직면할 수도 있다. 여객기가 착륙하기 위해서 하강할 때 옆에서 강풍이 불면 진로에서 벗어나 착륙장치가 손상되거나 주 날개가 땅에 닿는 사고로 주 날개의 연료탱크에서 연료가 새어나와 화재가 발생할 수도 있다. 눈이나 비가 많이 와도 역시 여객기의 운항에 영향을 미친다. 공항 주위의 시정**視程**을 나쁘게 하고 활주로의 컨디션을 악화시켜 여객기가 미끄러질 가능성이 크기 때문이다.

얼음제거 작업을 하고 있는 모습

윈드시어와 에어포켓

윈드시어 Wind Shear라는 말을 자주 듣는다. 이것은 바람의 이름이 아니고 바람의 상태를 말한다. 그것도 특정지점에 있어서의 바람의 상태가 아니다. 여객기처럼 이동 중인 물체에서 생기는 바람의 상태로 바람의 속도와 방향이 갑자기 수직으로 돌변하는 돌풍현상을 말한다. 일반적으로 제트기류의 주변에서 자주 발생한다. 추락사고의 원인이 되기도 하는 여객기의 천적으로 조종사가 가장 기피하는 기상현상이다.

1966년에 일본 후지 산 상공에서 영국 해외항공의 B-707이 공중분해되어 승객 124명 전원이 사망한 사고가 있었다. 원인은 윈드시어 때문이었다. 우리나라에서는 제주에서 때때로 발생한다. 이 바람은 구름을 수반하지 않기 때문에 미리 알기가 매우 어렵다. 최근에 개발된 B-777이나 B-747-400에는 윈드시어 경보장치가 장착되어 있다.

에어포켓 Air Pocket이란 말을 들어봤을 것이다. 이것은 윈드시어 중 수직으로 발생하는 청천난기류를 상상력 풍부하게 에어포켓이라고 표현한 것이다. 여객기가 에어포켓을 만나면 수평 자세로 초고속 엘리베이터를 타고 내려가듯이 순식간에 떨어져 객실 내가 순간적으로 무중력상태가 된다. 1997년 동경을 출발하여 호놀룰루로 비행하던 유나이티드항공의 여객기가 난기류를 만나 한 명이 죽고 백 명이 부상하는 사고가 있었다.

시트벨트를 매지 않은 승객은 좌석에서 떨어져 나가 천장에 머리를 부딪치거나 치명상을 입을 수도 있다. 객실 내의 물건들이 날아다니는 사태가 벌어진다. 언제 일어날지 모르기 때문에 비행 중에는 항상 안전벨트를 매고 있어야 한다. 최신여객기는 난기류를 감지할 수 있는 고성능 기상 레이더를 탑재하고 있다.

바람의 방향을 알려주는 활주로의 풍향기

여객기와 번개

비행 중 여객기에 가끔 번개가 떨어질 때가 있다. 번개는 구름속의 전기이다. 번개가 사람에게 떨어지면 감전되어 죽고 집에 떨어지면 불이 난다. 제트여객기가 취항한 초기에는 번개가 원인이 되어 참사가 발생했다. 1963년에 팬 아메리칸 항공의 B-707이 번개로 공중 폭발한 사고가 발생한 적이 있다. 비행 중의 여객기에 번개가 떨어지면 어떻게 될까? 지금은 여객기에 떨어졌다 해서 놀랄 것도 없다. 미국 연방항공청의 통계에 따르면 여객기는 1년에 최소 한 번 이상 번개를 맞는다고 한다. 천둥과 번개를 동반한 번개구름은 여객기의 안전한 운항을 위해 경계해야 할 기상현상 중의 하나이나 여객기가 번개를 맞아 사고로 연결되는 경우는 거의 없다. 번개가 여객기에 떨어져도 그 전기가 여객기의 내부에 전달되지 않고 표면을 흐른 후에 여객기로부터 빠져 나간다. 그것은 여객기는 일종의 금속 상자처럼 되어있기 때문에 표면을 흐른 전기는 내부에는 흘러들어가지 않는다. 이를 방지하기 위해 여객기에는 여러 개의 피뢰침이 갖추어져 있다. 여객기는 평균 1,000시간 비행에 한 번 정도 번개를 맞는다. 여객기가 벼락을 맞으면 어떻게 될까? 항공연료가 실려 있는 주 날개에 맞으면 연료가 폭발하여 화염에 휩싸여 추락하는 것은 아닐까? 걱정이 되지만, 실제로는 별문제가 없다. 여객기에는 번개에 맞았을 때 기체가 손상되지 않도록 여러 개의 방전장치 放電裝置라고 불리는 피뢰침이 달려 있어 비행 중 번개를 맞아도 기체 밖으로 안전하게 내보낸다. B-747의 경우 길이 10㎝, 굵기 1㎝의 피뢰침 54개가 달려 있다.

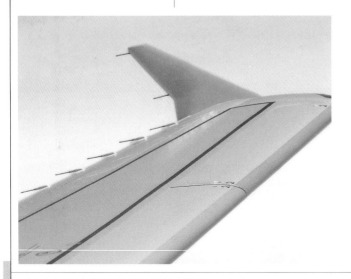

🔽
여객기에 달려 있는
피뢰침들

제트스트림이란

미국이나 유럽행의 여객기는 갈 때와 올 때의 비행시간이 다른 경우가 많다. 특히 겨울에 심하다. 그 원인은 제트스트림 Jet Stream, **제트기류**이라 불리는 서풍 때문이다. 10,000m 이상의 하늘에서 부는 바람으로 항상 서에서 동으로 불기 때문에 편서풍 **偏西風**이라고 부른다. 제트스트림은 그 길이가 수천 킬로미터에 너비는 수백 킬로미터나 되며 평균시속이 150~180㎞에 최대시속이 450㎞나 된다. 여객기가 제트스트림과 같은 방향인 미국으로 비행할 경우에는 이 바람을 이용하기 때문에 비행시간이 2시간 정도 단축된다.

왜 화산이 분화하면 위험한가?

화산은 분화하면서 화산재를 대량으로 분출한다. 여객기보다 더 높이 올라가는 경우도 있다. 화산재는 주로 암석의 파편과 광물의 결정체로 구성되어 있다. 이 중에서 여객기에 치명적인 것이 유리성분이다. 비행 중에 엔진이 정지해버릴 수도 있고 암석이 충돌한 부분은 기체가 침식될 수도 있기 때문이다. 지난 20년 동안에 화산재가 엔진에 들어가 엔진이 멎어버린 사고가 80건 가까이 있었다. 1989년에 앵커리지 부근의 화산이 분화하여 KLM 항공의 B-747의 엔진이 모두 멎어버렸다. 이 여객기는 앵커리지 공항에 긴급 착륙하여 전원이 무사했다. 이 사고로 4대의 엔진을 포함하여 모두 8천만 달러의 손해를 입었다.

🔽
화산재로 덮혀
운항을 못하는 여객기

항공사고에 따른 항공사의 책임은?

항공사는 자사의 여객기에 탑승한 승객을 목적지까지 안전하게 운송할 책임이 있다. 따라서 항공운송 중에 뜻밖의 사고로 승객이 사망하거나 상해를 입어 손해를 끼쳤을 경우에 항공사는 계약불이행이나 불법행위로 발생한 손해를 배상할 책임이 있다. 일반적으로 다른 교통기관의 사고보다 항공사고의 경우에 더 많은 손해배상을 받는 것으로 알려져 있다. 과연 그럴까? 항공사고로 인한 손해에 대하여 항공사는 어디까지 책임을 지며 어떤 기준에 의해 얼마나 배상하는 것일까? 국제항공을 중심으로 살펴보기로 하자.

항공사와의 운송계약

해 외여행을 할 때 여객기를 이용하면 이용자는 항공사와 항공운송계약을 체결하고 여객기를 탑승하는 것이다. 이용자는 계약을 체결한 사실이 없다고 할지 모르지만, 항공권을 구입하면 동시에 항공사와 국제운송계약이 체결된다. 체결된 국제운송계약의 내용은 항공사의 '국제여객운송약관'에 명시되어 있다. 그 내용은 항공사마다 약간씩 다르다.

특히 항공사고가 발생했을 때의 항공사의 책임과 손해배상에 관하여는 '국제여객운송약관'뿐만 아니라 항공권에도 인쇄되어 있다.

그런데도 대부분의 여객들이 별로 관심이 없어 읽지 않는다. 항공여행을 할 때는 반드시 읽어보고 분명하지 않은 것이 있으면 항공사나 변호사에게 물어봐야 한다.

승객에 따라 다른 항공사의 배상책임

항공사고에 따른 손해배상은 피해자가 모두 일정한 금액을 똑같이 받는 정액보상제定額補償制가 아니다. 각 피해자별로 손해액이 다르기 때문에 손해배상액도 달라질 수밖에 없다.

우선 항공사는 민사소송에서 계약불이행 또는 불법행위에 따른 손해액을 산출하는 호프만 식이나 라이프니츠 식으로 손해액을 산출한다. 이 산출방식에 따르면 피해자의 연령, 성별, 직업, 연소득 등을 기준으로 피해자에게 이러한 사고가 없었으면 얼마 동안 어떤 일을 해서 얼마만 한 이익소득을 얻을 수 있는가를 산출한다. 그다음에 그 금액에서 생활비를 공제한다. 이것을 공식으로 표현하면 사망자의 경우 '(사망자 본인의 연소득 – 생활비) x 취업가능 연수 = 손해액'이 된다. 이렇게 산출된 금액이 '상실수익喪失收益' 또는 '일실이익逸失利益'이라 불리는 손해액이다. 이 금액에 정신적 손해에 대한 위자료를 추가한 금액이 피해자의 총 손해액이 된다.

항공사는 이 총 손해액을 배상하는 것이 원칙이다. 그러나 항공사고에 따른 항공사의 책임은 항공수송사업의 특수성을 고려하여 국제조약으로 정해져 있다. 그런데 이 조약은 하나가 아니라 항공운송의 헌법이라 할 수 있는 '바르샤바 조약'을 비롯하여 이 조약을 개정한 '헤이그 의정서' 그리고 1999년에 체결된 '몬트리올 협약' 등이 있다. 여러 국제협약 중 어느 협약이 적용되는지는 개별 여객이 어떤 국제협약에 가입한 국가를 여행하느냐에 따라 결정된다.

몬트리올 협약에 따른 책임원리와 배상기준

최근에 체결된 '몬트리올 협약'에 따르면 항공사는 2단계로 나누어 손해에 대한 배상책임을 지도록 되어 있다. 제1단계는 항공사고로 인한 여객의 손해액이 11만 3,100SDR **약 1억 8,000만 원**까지는 항공사에 과실이 없더라도 항공사가 배상책임을 진다.(SDR란 국제통화기금IMF이 정한 특별인출권Special Drawing Rights으로 IMF 가입국이 국제수지 악화 때 담보 없이 필요한 만큼의 외화를 인출할 수 있는 통화로 2013년 4월 현재 1SDR는 미화 1.50125달러다.) 예컨대 호프만 식으로 산출된 피해자의 손해액이 1억 2,000만 원이면 무과실책임의 상한선인 11만 3,100SDR 이내이므로 항공사는 그 손해액을 배상해야 한다.

제2단계는 피해자의 손해액이 11만 3,100SDR를 초과할 경우 피해자가 소송을 제기하여 초과된 손해액을 청구할 수 있다. 항공사에게 과실이 있으면 피해자는 초과된 손해도 추가로 배상받을 수 있고 항공사에 과실이 없으면 피해자는 추가로 배상을 받지 못한다. 이때 과실이 없었다는 것을 입증할 책임은 항공사에 있다.

이처럼 '몬트리올 협약'이 적용되는 국제항공운송인 경우에 항공사고로 인한 손해배상액은 사실상 항공사의 책임에 상한선이 없는 것이나 마찬가지다. 항공사고는 대부분의 경우 복합적 요인에 의해 발생하므로 항공사가 과실이 없었다는 것을 증명하기가 사실상 쉽지 않다. 그런데 과실이 없었다는 것을 입증하지 못하면 과실이 있었던 것으로 추정되어 항공사가 무한책임을 져야 하기 때문이다.

바르샤바 조약에 따른 책임원리와 배상기준

'**몬**트리올 협약'이 아니라 '바르샤바 조약'이나 '헤이그 의정서'를 따르는 항공사의 경우에는 과실추정주의에 의해 항공사가 고의나 과실이 있었을 경우에만 책임을 지는데 고의 또는 과실이 없었음을 항공사가 증명해야 한다. 그 대신에 배상한도를 설정하여 '바르샤바 조약' 경우 미화 8,300달러, '헤이그 의정서'의 경우 미화 16,600달러까지만 배상책임을 진다. 한편 여객이 항공사에 고의 또는 과실이 있었음을 입증하는 경우에는 항공사가 무한책임을 진다.

항공사의 배상책임원칙에 큰 차가 나는 '몬트리올 협약'이 적용되기 위해서는 탑승한 여객기의 국적, 또는 여객기의 출발지나 도착지는 관계가 없다. 항공사와 여객의 운송계약 증서인 각자가 소지하고 있는 항공권의 출발지와 도착지가 모두 '몬트리올 협약'의 가입국이어야 한다. 아울러 '몬트리올 협약'의 가입국을 출발하여 다른 국가를 거쳐 출발지로 되돌아오는 경우에는 경유지의 국가가 '몬트리올 협약'에 가입했는지를 불문하고 '몬트리올 협약'이 적용된다. 즉 각자가 소지하고 있는 항공권의 출발지·목적지가 어느 조약에 가입한 국가인지에 따라 개인별 피해보상액이 크게 달라질 수 있다.

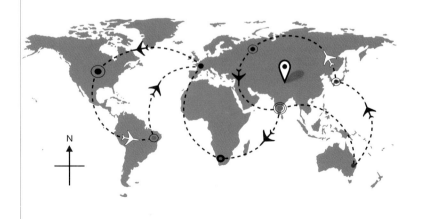

사전 지불 및 소송제기

갑작스런 항공사고로 피해자나 그 유족이 경제적으로 어려움을 겪을 수 있다. 이러한 경우에 대비하여 몬트리올 협약은 항공사의 과실 유무와는 관계없이 피해자나 그 유족의 요청이 있으면 항공사는 손해배상금의 일부를 선급금으로 지급하도록 되어 있다. 선급금은 최종적으로 손해배상액이 확정되면 총액에서 그만큼 공제된다.

또한 피해자가 소송을 제기할 경우 사고를 일으킨 항공사의 주소지, 운송계약이 체결된 영업소 소재지, 도착지의 법원뿐만 아니라 피해자의 주소지나 영구 거주지 중 피해자에게 유리한 곳에서 소송을 제기할 수 있다. 그러나 '몬트리올 협약'이 적용되지 않는 경우 피해자의 주소지나 영구 거주지에서는 소송을 제기할 수 없게 되어 있다. 이것이 왜 중요하냐 하면 소송을 어디에서 제기하느냐에 따라 배상액이 달라질 수 있기 때문이다. 일반적으로 후진국보다는 선진국에서 소송을 제기하는 것이 유리하다.

항공사고에 따른 항공사의 책임과 배상기준을 살펴보았다. 그렇지만 여객기 이용자는 뜻밖의 사고에 대비하여 항공사의 손해배상에만 의존하지 말고 항공여행을 할 때는 많은 보상이 보장되는 해외여행보험에 가입하는 것이 더 중요하다는 것을 잊어서는 안된다.

해외여행 때
여권 다음으로 중요한 것은?

외국인은 해외여행을 할 때 해외여행보험에 가입하는 것이 상식화 되어 있다. 우리나라의 경우 화재보험이나 생명보험에 가입하는 것은 일반화되어 있지만, 해외여행 때는 대부분 해외여행보험에 가입하지 않고 여행사나 신용카드회사가 가입해주는 해외여행보험에만 의존하고 있다. 그러나 해외여행 중에 뜻하지 않은 사고로 숨지거나 다치거나 휴대품을 도난당하거나 과실로 다른 사람에게 손해를 끼칠 경우가 있다. 또한 평소 건강에 자신이 있던 여행자도 해외여행 중에 환경이 바뀌고 스트레스와 피로가 쌓여 병에 걸릴 수도 있다. 이러한 사태에 대비하여 해외여행보험에 반드시 가입하고 여행을 떠나야 한다. 해외여행 때 보험에 가입한 경우와 그렇지 않은 경우 엄청난 차이가 있기 때문이다. 해외여행 시 스스로를 지켜주는 최후의 수단은 해외여행보험이라는 것을 명심해야 한다.

반드시 가입해야 할 해외여행보험

해외여행 중에 일어날 수 있는 예상치 못한 트러블에 대비하여 해외여행 때는 반드시 해외여행보험에 가입하고 떠나야 한다. 해외여행보험에는 가입하지 않는 여행자들이 의외로 많다. 해외여행 때는 반드시 해외여행보험에 가입하되 그것도 가능한 한 많은 보상을 받을 수 있도록 가입해야 한다.

해외여행보험은 보험회사에 직접 가입할 수 있다. 최근에는 온라인으로 가입하거나 항공권을 구매할 때 여행사를 통해서도 쉽게 가입할 수 있다. 또한 출발 직전에 공항에 있는 보험사의 카운터나 공항에 설치되어 있는 해외여행보험 자동판매기를 이용해서 보험에 가입할 수도 있다. 외국인의 경우에는 해외여행을 할 때 해외여행보험에 가입하는 것이 생활화되어 있다. 특히 현지에서 여행이 끝나고 공항에 도착했을 때 사용하다 남은 현지화를 다시 환전하지 않고 보험에 가입하는 외국인도 많다.

해외여행보험의 종류

해외여행보험에는 단기해외여행보험과 장기해외여행보험이 있다. 단기보험은 휴가여행이나 관광여행 등 3개월 이내의 단기 체류여행에 대한 보험이다. 장기보험은 해외주재근무, 유학, 교환교수, 기타 연수 등 3개월 이상 1년 미만의 장기체류 여행에 대한 보험이다. 단기간의 해외여행에서는 휴대품 도난으로 인한 손해나 의료사고가 많다. 다만 본인의 부주의로 휴대품을 분실했을 때는 보상받지 못한다. 해외에서 사고로 병원치료를 받을 경우에 대비하여 선불금의 부담 없이 치료를 받을 수 있는지도 반드시 확인해야 한다.

주요 보상 내용

해 외여행보험에는 여러 가지 종류의 보상이 있다. 일반적으로 여행 중 상해나 질병으로 사망한 경우의 사망보상, 상처를 입거나 병에 걸려 병원에서 치료받아 발생한 치료비용의 보상, 타인에게 상처를 입히거나 타인의 물품을 파괴한 배상금을 보상해주는 배상책임의 보상, 소지품을 도난당하거나 파손되었을 경우에 배상액을 보상받는 휴대품 손해의 보상, 여객기의 지연이나 결항으로 입은 숙박비 등의 손해를 보상받는 여객기 지연비용의 보상, 비행기 납치·테러 등에 인한 피해를 보상해주는 범죄피해비용의 보상 등이 있다. 해외여행상해보험에 가입하더라도 보상을 받지 못하는 것으로는 전쟁, 외국의 무력행사, 혁명, 내란 등으로 인한 손해, 가입자의 고의, 자해, 자살, 형법상의 범죄행위 또는 폭력행위 등은 보상을 받지 못한다.

가입 시 따져봐야 할 사항

해 외여행보험에 가입할 때 가장 중요한 것은 필요한 보장기간, 보장항목, 가입금액, 그리고 보상되는 손해와 보상되지 않는 손해, 보상액을 꼼꼼히 따져야 한다. 현지 병원에서 치료받을 때 먼저 자기 돈으로 지불하고 귀국 후에 국내에서 보상받는 입체지불보험보다는 보험증권을 병원에 제시하는 것만으로 현금이 없어도 치료를 받을 수 있는 글로벌 네트워크를 가진 보험회사의 보험에 가입해야 한다. 그리고 세계 어디에서나 긴급할 때 한국어 도움을 받을 수 있는 보험회사라야 한다.

신용카드사나 여행사가 부대 서비스로 가입해주는 해외여행보험은 보상내용과 보상금액을 반드시 따져보아야 한다. 보상이 안 되는 부분이 많거나 보상금액이 너무 작을 수 있기 때문이다.

추가보험의 가입

크레디트 카드에 가입하면 대부분의 경우 카드사가 부대 서비스로 해외여행보험을 가입해준다. 또한 여행사가 주관하는 패키지 투어에 참가하면 그 여행사가 해외여행보험을 가입해준다. 그러나 이런 보험은 대부분의 경우 가장 기본적인 보장만이 포함되어 있고 또한 보상액도 매우 적다. 그러므로 반드시 보상대상과 보상금을 사전에 확인하지 않으면 안 된다.

해외여행보험금은 보험사에 따라 약간의 차가 있지만, 예컨대 1억 원의 사망보상금을 받는 보험의 경우 보험료가 불과 1~2만 원 수준으로 생각보다 보험금이 매우 저렴하다. 따라서 보험가입내역을 확인한 후 보장금이 적을 경우에는 추가보험을 가입해야 한다.

잊지 말아야 할 서류들

해외여행 중 사고가 발생했을 때는 사고 유형별로 조치를 한 후, 필요한 서류를 구비했다가 귀국 후에 보험회사에 보험금을 청구하면 된다.

상해사고나 질병이 발생했을 때는 일반적으로 현지 병원에서 치료를 받은 뒤 보험금 청구를 위해 챙겨야 할 서류인 의사진단서 및 치료비를 지불한 영수증 등을 발급받아 귀국 후 보험회사에 보험금을 청구하면 된다.

소지품 도난사고가 발생했을 경우 현지 경찰서에 신고하고 사고증명서를 받도록 한다. 공항이나 호텔에서 수하물을 도난당했을 경우 항공사나 호텔에 신고하고 확인증을 받아야 한다. 그 밖의 사고가 발생했을 경우 귀국해서 보험회사에 보험금을 청구하는 데 필요한 서류를 현지에서 반드시 챙겨야 한다.

사람보다 더 철저한
여객기의 건강관리

여객기는 몇백만 개의 부품과 몇백 개의 기기, 장비, 시스템으로 구성된 최첨단 기계의 복합체다. 부품 수가 중형기인 B-767의 경우 314만 개, 대형기인 B-747의 경우 450만 개나 된다. 사람이 정상적인 활동을 하기 위해 건강관리가 필요하고 자동차가 성능을 제대로 유지하기 위해 정기점검을 하듯이, 여객기도 그 많은 장비와 부품이 성능을 제대로 발휘해 여객이나 화물을 신속하고 안전하게 그리고 정시에 목적지까지 수송하기 위해서는 철저한 건강관리가 필요하다.

기체, 엔진, 장비 및 부품을 철저하게 검사, 수리, 개조, 교환하는 등 여객기의 건강을 관리하는 것을 항공정비航空整備라고 한다. 여객기는 하늘을 떠다니기 때문에 자동차나 기차보다 더 높은 수준의 안전성이 요구되며 그만큼 더 세밀하고 철저한 정비를 해야 한다.

엔진을 점검하고 있는
항공정비사들
(대한항공제공)

여객기의 건강검진

병에 걸리지 않아도 정기적으로 종합건강진단을 받아 병이 발생하지 않도록 하는 예방의학이 사람의 건강관리에 중요하듯이 여객기의 건강관리도 예방정비가 기본이다. 이것은 여객기의 상태가 좋을 경우에도 일정한 비행시간이 지나면 기체의 각 부분을 면밀히 검사한다. 그래서 나쁜 부분이 발견된 장비나 부품을 미리 교환하거나 수리하여 고장이 발생하는 것을 예방하는 정비 방법이다.

항공 초기에는 이러한 예방정비는 생각조차 할 수 없었다. 그 당시만 하더라도 여객기가 출발하기 전에 점검하고 고장이 나면 고치는 매우 초보적인 정비를 했다. 조종사는 여객기를 조종만 하는 것이 아니라 고장이 나면 직접 고치기까지 했다. 지금처럼 최첨단 설비를 갖춘 정비공장도 없었으며 비행장 근처의 야외에서 여객기를 정비했다.

제트여객기가 등장한 후에도 조종사와 함께 항공기관사가 탑승하여 비행 중에 여객기의 상태를 계속 주시하면서 비행했다. 지금은 비행 중 여객기의 건강 상태는 컴퓨터가 체크해주기 때문에 항공기관사가 필요 없게 되었다.

여객기가 대형화되고 정비해야 할 장비나 부품이 증가하면서 그만큼 항공정비도 복잡해졌다. 실제로 개개의 작업관리를 유효하게 실시하는 것이 여간 어려운 것이 아니다. 그래서 지금은 종래의 예방정비로부터 신뢰성 관리정비로 바뀌었다. 이것은 기체나 엔진, 그리고 각종 장비나 부품의 품질을 항상 모니터링하고 있다가 품질이 일정 수준 이하로 떨어지면 바로 그 원인을 규명하여 제거하는 정비방법이다.

항공정비의 구분

여객기의 정비는 크게 운항정비와 공장정비로 나뉜다. 운항정비는 여객기를 세워놓은 상태에서 각종 검사와 시험을 하여 상태가 나쁘거나 고장 난 부분이 있으면 수리를 하지 않고 통째로 떼어내어 새로운 것으로 교환하는 정비이다.

공장정비는 고장 난 엔진, 장비, 부품을 여객기에서 떼어내어 공장에서 수리하는 정비다. 운항정비와 공장정비로 분리하여 정비하는 이유는 여객기가 정비 때문에 운항하지 못하고 지상에 서 있는 시간을 줄이기 위해서이다.

여객기 정비작업은 특성에 따라 계획정비작업, 비계획정비작업으로 구분된다. 계획정비작업은 여객기의 신뢰성을 유지하기 위해서 일정한 주기로 반복하여 실시하는 정비작업이다. 비계획정비작업은 여객기의 신뢰성을 회복하기 위해 결함이 생길 때마다 실시하는 정비작업이다. 인체에 비유한다면 몸에 이상이 있을 때마다 병원에 가서 치료를 받는 것과 같다.

운항정비 중인 여객기

여객기의 정비는 여객기의 정상적인 운항을 위해 여객기의 비행시간이나 운항횟수에 따라 'T정비', 'A정비', 'C정비', 'D정비'의 4단계로 나뉜다.

T정비 여객기가 도착하여 다음 목적지로 출발할 때까지의 짧은 시간 **국내선 45분, 국제선 2시간**에 실시하는 정비다. 정비원이 여객기의 외관에 이상이 없는지를 눈으로 보고 점검한다. '라인정비'라고도 한다.

A정비 비행시간 300~500시간마다 실시하는 정비이다. 이것은 여객기의 운항이 끝난 뒤 다음 날 운항이 시작될 때까지 여객기가 공항에 주기하는 동안에 실시하는 정비다. 정비공장에서 엔진오일, 작동오일, 산소 등을 보충하거나 타이어 브레이크, 엔진, 플랩 등 고장이 나기 쉬운 부분에 대한 정비를 실시한다.

C정비 비행시간 6,000~10,000시간마다 실시하는 정비이다. 5~10일 정도 여객기의 운항을 중단하고 각 계통의 배관, 배선, 엔진, 착륙장치 등에 대해 세부 점검을 실시한다. 또한 기체구조를 외부로부터 점검하거나 장비 부품을 교환한다.

D정비 6~8년마다 실시하는 대대적인 중정비이다. 3~4주 동안 여객기를 정비공장에 넣고서 기체를 분해하여 기체구조의 내부를 검사하거나 대규모 보수를 실시하는 정비이다. 여객기의 도장도 이때 한다. 그밖에 대규모의 개보수도 이 기간에 실시한다. 여객기의 종합건강진단과 치료라고 할 수 있다.

진단-치료-수술

사람의 건강관리처럼 여객기도 진단-치료-수술의 세 가지 방법으로 관리한다. 진단은 여객기의 장비나 부품이 제대로 그 기능을 발휘하고 있는지, 교환이나 수리해야 할 필요는 없는지를 검사하고 판단하는 것이다. 최종 판단을 하는 것은 숙련된 정비사들이지만, 판단을 도와주는 여러 가지 기계나 기구가 개발되어 이용하고 있다. 예컨대 사람의 몸 안을 검사할 때와 마찬가지로 여객기도 눈에 보이지 않는 기체의 내부구조물에 대하여는 방사선 동위원소검사, X레이검사, 초음파검사를 한다. 착륙장치에 대하여는 비파괴검사, 자동조종장치와 같이 복잡한 시스템에 대하여는 컴퓨터를 이용한 자동시험 장치를 적용한다. 엔진에 대하여는 보다 정확한 진단을 하기 위해 병원에서 위장검사 때 사용하는 내시경 검사와 비슷한 보아스코프 검사를 한다.

그 밖에 여러 가지 최첨단의 검사기계나 장비를 활용한다. 진단을 통해 불량한 부분이 발견되면 바로 정비를 한다. 특히 결함이 발생했을 경우나 결함이 발생할 가능성이 크다고 예상되면 정비공장에 들어가 수리하거나 개조를 한다.

이와 같이 여객기는 사람의 건강관리보다 더 철저한 건강관리를 한다. 자동차의 수명이 4~5년인 데 비해 여객기는 설계상 수명을 약 20년으로 보고 있다. 여객기의 장수비결은 정비에 달려 있다. 수명이 다 된 여객기라도 부품을 공급하고 철저하게 정비하면 수명을 더 연장할 수 있다. 정비사들은 여객기가 운항 스케줄대로 운항하도록 그리고 승객들이 쾌적한 항공여행을 하도록 밤낮을 가리지 않고 점검하고 고치고 교환하며 정비를 한다. 항공사의 정비공장은 불이 꺼지는 시간이 없다.

공장정비 중인 여객기

B

알면 도움되는
항공여행
이야기

B1

여객기가 비행하는 하늘은 어떻게 생겼을까?

여객기는 끝없이 높고 한없이 넓은 하늘을 사람을 태우고 날아다니는 비행기계다. 자동차와 배는 땅과 물이 받쳐주어 그 위를 다닌다. 여객기는 받쳐주는 것이 아무것도 없는 것처럼 보이지만, 실제로는 공기가 받쳐주어 그 속을 날아다닌다. 여객기를 떠받쳐주는 공기는 78%의 질소와 21%의 산소, 그리고 약간의 이산화탄소, 수소, 메탄, 오존 등이 섞여 있는 모양도 색깔도 냄새도 없는 투명한 혼합기체다. 공기는 기체 덩어리가 되어 지구를 둘러싼 채로 함께 돌고 있다. 이 공기의 덩어리를 대기大氣라고 한다. 공기는 기체이므로 눈에 보이지 않아 평소에는 있는지 없는지 느끼지 못한다. 모양은 없지만, 무게가 있어 바람이 불거나 달리는 자동차의 창밖으로 손을 내밀어보면 공기가 있다는 것을 알 수 있다.

🔽
성층권의 밑바닥인
대류권계면을 비행하는 여객기

하늘은 어떻게 생겼을까?

여객기가 날아다니는 하늘에는 공기가 한없이 있는 것으로 생각하기 쉽다. 그러나 하늘은 높이 올라갈수록 공기가 희박해지다가 지상에서 500㎞ 높이에 이르면 그 위로는 아예 공기가 없다. 공기가 있는 하늘을 대기권大氣圈, 공기가 없는 하늘을 외기권外氣圈이라고 부른다.

대기권의 하늘은 기온의 변화나 구성성분에 따라 지상에서 10㎞까지를 대류권對流圈, 10~50㎞까지를 성층권成層圈, 50~80㎞까지를 중간권中間圈, 80~500㎞까지를 열권熱圈, 이렇게 다섯 층으로 나눈다.

그런데 공기는 대기권에 고루 분포되어 있지 않고 지상에서 20㎞까지의 하늘에 80%, 30㎞까지에 99.9%가 모여 있다. 따라서 공기를 이용하여 비행하는 여객기는 대기권의 어디에서나 비행할 수 있는 것이 아니다. 공기가 많이 모여 있는 지상에서 20㎞ 이내의 하늘에서만 비행할 수 있다.

이 때문에 프로펠러 여객기는 주로 6~10㎞까지의 대류권, 제트 여객기는 주로 10~16㎞까지의 대류권경계면對流圈境界面이라고 불리는 성층권 밑 부분의 하늘에서만 비행한다.

공기가 희박한 20㎞ 이상의 대기권과 공기가 없는 외기권에서는 여객기가 비행할 수 없다. 연료를 태울 수 있는 산소가 부족하고 공기의 밀도가 낮아 여객기를 앞으로 나가게 하는 추력도, 위로 뜨게 하는 양력도 얻을 수 없기 때문이다. 이 하늘에서는 연료를 태우는 산화제를 싣고 다니는 로켓만이 비행할 수 있다. 이런 제약으로 여객기가 비행할 수 있는 하늘은 그 두께가 지구반경의 약 0.2%밖에 안 된다. 지구를 축구공의 크기로 축소해서 보면 세로판 한 장 정도의 두께다.

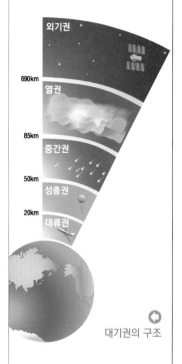

대기권의 구조

비행 중 여객기의 바깥환경

여객기가 날아다니는 대류권의 하늘은 높이 올라갈수록 기온이 낮아지고 기압도 내려간다. 대류권에서는 높이 올라갈수록 태양이 가까워져 기온이 올라간다고 생각하기 쉽지만, 그 반대다. 높이 올라가면 지표면과 멀어져 태양의 반사열**지표면 복사열**을 덜 받기 때문에 기온이 낮아진다.

기온은 고도가 1,000m 높아질 때마다 6.5℃씩 내려간다. 따라서 프로펠러 여객기가 주로 비행하는 7,000m 고도의 하늘에서는 기온이 -30.5℃, 제트여객기가 주로 비행하는 1만 1,000m 고도에서는 -56.5℃가 된다. 그 위의 성층권에서는 오존층의 영향으로 기온이 고도에 따라 변하지 않고 -56.5℃로 일정하다.

공기는 기체지만, 물질이므로 무게가 있으며 일정한 공간을 차지한다. 공기 1㎥의 무게는 1.28㎏이다. 이 공기의 무게가 공기의 누르는 힘인 기압이다. 1기압의 압력은 10m의 물기둥을 어깨에 멘 상태에서 받는 압력과 같다. 공기의 농도가 공기밀도다. 고도가 높아지면 공기밀도가 낮아지고 기온과 기압이 내려간다. 공기밀도는 6,700m 높이에서 지상의 2분의 1로 낮아진다. 이에 따라 제트여객기가 순항하는 고도인 1만 1,000m 높이에서 기압은 지상의 4분의 1로 내려가 0.25기압이 된다.

기상현상이 생기는 대류권

대류권은 기상현상을 만들어내는 공장이나 다름없다. 대류권에서 기온이 높은 가벼운 공기는 위로 올라가고 기온이 낮은 무거운 공기는 아래로 내려간다. 이것을 '대류對流'라고 한다. 공기의 이러한 성질 때문에 대류권에서는 공기가 끊임없이 상하좌우로 움직여 바람이 일고 계절풍이 불고 공기 중의

고도에 따른 온도 변화	
고도(m)	온도(℃)
0.0	15
1,000	8.5
3,000	-4.5
5,000	-17.5
7,000	-30.5
9,000	-43.5
10,000	-50.5
11,000	-56.5

대류의 흐름

고도에 따른 기압 변화	
고도(m)	기압
0.0	1
3,000	2/3
6,000	1/2
9,000	1/3
11,000	1/4
13,000	1/5

수증기가 뭉쳐 구름이 되고 비와 눈이 내리는 기상현상이 생긴다.

더운 공기는 위로 올라가면서 점차로 식는다. 성층권이 시작되는 지상고도 1만 1,000m쯤에서는 -56.5℃를 유지한다. 그렇기 때문에 그 위의 하늘에서는 공기의 상하이동이 없어 기상현상이 생기지 않는다. 비 오는 날에 이륙한 여객기가 상승하여 구름 위로 올라가면 갑자기 맑은 햇빛과 푸른 하늘이 나온다. 성층권에서는 기상현상이 생기지 않기 때문이다. 다만 제트여객기가 주로 비행하는 성층권의 밑바닥인 대류권경계면에서는 이따금 더운 공기와 찬 공기, 습한 공기와 건조한 공기가 섞여 바람이 돌변하며 하늘은 맑은데 기상이 급변할 때가 있다. 이것이 여객기의 운항에 영향을 미치는 청천난기류다.

제트여객기가 높이 비행하는 이유

제트여객기는 주로 1만 1,000m 전후의 고도로 비행한다. 이때 여객기의 바깥환경은 혹독하게 춥고 기압도 낮다. 그런데도 제트여객기는 왜 그렇게 높은 하늘을 비행할까? 그것은 공기밀도와 관계있다. 고도가 높을수록 공기의 밀도는 낮아져 공기저항이 작아진다. 공기저항이 작아지면 여객기는 낮은 하늘을 비행할 때보다 높은 하늘을 비행하는 것이 연료를 덜 소모하면서 더 멀리 비행할 수 있기 때문에 그만큼 경제적이다. 또한 성층권에서는 기류가 안정되어 있어 안정적이고 쾌적한 비행을 할 수 있다. 그렇다면 더 높이 날면 좋겠지만, 그 이상은 공기가 너무 희박해서 엔진에서 연료를 연소시키는 데 필요한 산소가 부족하여 비행하려해도 비행하지 못한다.

B2

어떻게 여객기는
하늘을 비행할 수 있을까?

하늘을 날아다니는 여객기에 대해 궁금한 것이 많겠지만, 그중에서도 쇳덩어리나 다름없는 무거운 여객기가 어떻게 하늘을 날아다닐 수 있는지가 가장 궁금할 것이다. 코끼리처럼 크다 해서 '점보기'라는 별명을 가진 미국 보잉사의 대형 여객기 B-747은 이륙할 때 무게가 약 400톤, 최근에 개발된 '하늘의 궁전'이라고 불리는 에어버스사의 세계에서 가장 큰 초대형 여객기 A-380은 약 550톤이나 된다. 이 무게를 승용차로 환산하면 각각 400대와 550대의 무게에 해당한다. 이렇게 무거운 여객기가 시속 300~350㎞의 속도로 이륙한 뒤, 10,000m 이상의 높은 하늘을 시속 약 900㎞의 속도로 지구의 반 바퀴나 되는 먼 거리를 중간에 쉬지도 않고 비행한다. 어떻게 그렇게 할 수 있는지 궁금하다 못해 참으로 신기해진다. 과연 여객기가 하늘을 떠다닐 수 있는 비밀열쇠는 무엇일까? 여객기는 크기에 비해 상대적으로 가볍다. 그리고 '추력 推力'이라고 불리는 앞으로 나가는 강력한 힘을 만들어내는 엔진이 있고 '양력 揚力'이라고 불리는 여객기를 뜨게 하는 힘을 만들어내는 고정날개가 있다. 이 세 가지가 바로 여객기가 비행할 수 있는 비밀열쇠다.

비행 중인 비행기에
작용하는 네가지 힘

상대적으로 가벼운 금속풍선

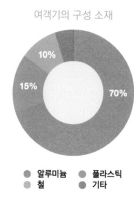

여객기의 구성 소재

- ● 알루미늄　● 플라스틱
- ● 철　● 기타

대형 여객기 B-747의 경우 동체의 길이가 70m나 되고 조종석의 높이가 2층 건물의 높이와 같으며 꼬리 날개의 꼭대기 높이가 5층 건물의 높이와 같다. 그러나 그 크기에 비해 무게가 상대적으로 가볍다. B-747의 동체의 외판外板만 하더라도 그 두께가 평균 2㎜밖에 안 될 정도로 매우 얇다. 여객기를 200분의 1로 축소하여 조립식 장난감인 모형비행기를 만들면, 외판의 두께가 0.01㎜로 알루미늄 호일의 두께 정도다. 그 무게도 종이비행기 정도밖에 안 된다. 어떻게 보면 여객기는 '쇳덩어리'라기보다는 가벼운 알루미늄 합금으로 만든 속이 빈 '금속풍선'에 가깝다고 할 수 있다.

여객기는 일반적으로 기체 무게의 60~70%가 가벼운 알루미늄 합금으로 되어 있고 5~25%가 더 가벼운 플라스틱 복합소재로 되어 있다. 무거운 철강은 10~15%밖에 안 된다. 최신기인 B-777의 경우 철강의 사용률이 11%밖에 안 되며 B-787의 경우 복합소재의 사용률이 50%까지 늘어났다. 여객기가 비행할 수 있는 첫 번째 비밀은 바로 크기에 비해 상대적으로 무게가 가볍다는 데 있다.

태풍의 네 배나 되는 공기의 힘

크기에 비해 상대적으로 가벼운 여객기가 하늘로 떠서 날아다닐 수 있는 것은 '추력推力'이라고 불리는 강력한 공기의 힘 때문이다. 그 힘이 어마어마하게 강하다. 태풍 때 초속 20m의 폭풍이 불면 가로수가 넘어지고 양철지붕도 날아가 버린다. 이것을 시속으로 환산하면 그 속도가 시속 70㎞밖에 안 된다. 그런데 제트여객기가 이륙할 때의 속도는 시속 300~350㎞로 태풍 속도의 약 네 배가 되며 순항할 때의 속도는 시속 900㎞로 약 13배가 된다. 이렇게 강한 바람을 받으면 아무리 거대한 여객기라 하더라도 하늘로 뜨지 않을 수 없다. 이 강력한 공기의 힘인 추력이 여객기가 비행할 수 있는 두 번째 열쇠다.

그런데 이 '추력'은 어떻게 생기는 것일까? 그것은 엔진이 만들어낸다. 프로펠러 여객기는 피스톤엔진의 힘으로 프로펠러를 돌려서 공기를 뒤로 보낸다. 제트여객기는 제트엔진이 흡수한 공기를 압축해 연소시켜서 생기는 고온·고압의 강한 힘의 가스를 뒤로 보내 그 반동으로 생긴 공기의 힘으로 앞으로 나간다. 이 힘이 '추력'이다.

기압 차로 생기는 뜨는 힘

B 747의 경우 네 개의 엔진이 약 100톤의 고온·고압가스를 빠른 속도로 뒤로 분사한다. 대형 트럭을 날려 보낼 수 있을 만한 큰 힘이다. 그런데 이 힘**추력**은 여객기를 앞으로 나가게 할 수는 있지만, 하늘로 뜨게 할 수는 없다. 여객기가 하늘로 뜨는 비밀열쇠는 바로 움직이지 않는 날개에 있다. 태풍의 4배~13배나 되는 강한 바람이 이 고정날개에 부딪히면 여객기를 공중에 뜨게 하는 힘이 생긴다. 이 힘이 '양력 **揚力**'이다.

새는 날개를 흔들어 '양력'을 얻지만, 여객기는 날개가 고정되어 있다. 그런데 어떻게 '양력'을 얻을 수 있을까? 여객기의 날개는 윗면은 약간 볼록하고 아랫면은 평평하다. 따라서 날개의 표면 길이가 아랫면보다 윗면이 길다. 엔진에서 발생한 추력으로 공기 속을 뚫고 나가게 되면 강한 힘의 공기가 날개에 부딪치면서 날개의 앞부분에서 윗면과 아랫면으로 갈라진다.

↑
양력이 생기는 원리
날개 윗면을 흐르는 공기는 빠르고 아랫면을 흐르는 공기는 느리다.

이 갈라진 공기가 날개의 뒷부분에서 다시 만나려면 길이가 긴 윗면을 흐르는 공기가 길이가 짧은 아랫면을 흐르는 공기보다 속도가 빨라야 한다. 이처럼 날개의 아래와 위를 흐르는 공기의 속도가 다르면 속도가 빠른 윗면의 공기는 그 밀도가 낮아져 기압이 낮아진다. 늦은 공기가 흐르는 아랫면의 공기는 밀도가 높아져 기압이 높아진다. 이 기압의 차에 의해 아래서 위로 뜨게 하는 힘인 '양력'이 생긴다. 공기나 물 같은 유체는 흐르는 속도가 빠를수록 압력이 낮아지고 늦을수록 높아지기 때문이다. 이러한 현상을 '베르누이의 원리'라고 한다.

여객기는 새처럼 날지 않는다

새는 날개를 아래위로 흔들면서 앞으로 나가는 힘 **추력**과 위로 뜨는 힘 **양력**을 동시에 얻어서 난다. 새의 날개 안쪽 부분과 어깨에 해당하는 부분에서 양력이 발생하고 날개 바깥 부분이 프로펠러 같은 역할을 하여 추력을 얻는다.

공기보다 무거운 여객기가 하늘을 비행할 수 있는 것은 새가 나는 원리와는 다르다. 여객기는 엔진이 뒤로 보내는 강력한 공기의 반동으로 앞으로 나가는 힘인 '추력'을 얻는다. 그 추력을 주 날개가 받아서 생기는 '양력'으로 '금속풍선'처럼 크기나 무게에 비해 상대적으로 가벼운 여객기가 뜨는 것이다.

여객기의 추력과 양력은 닭과 달걀 같은 관계다. 여객기가 비행하기 위해서는 엔진에서 발생하는 '추력'과 주 날개에서 발생하는 '양력'이 커야 하고 반대로 기체에 작용하는 저항은 작아야 한다. 그리고 기체는 될 수 있는 대로 가볍게 만들어 중력이 작아야 한다.

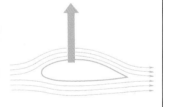

고정날개에
양력이 생기는 원리

B3 항공수송은 언제부터 시작되었을까?

현재 약 3만 5,000대 **제트여객기 약 2만 대**의 여객기가 해마다 약 28억 명의 여객을 태우고 지구촌 곳곳을 누비고 다닌다. 여객기가 개발되어 항공수송이 시작되고서 100년 가까이 되었다.

여객기의 발달과정을 돌이켜보면 1912년 영국이 처음으로 여객기를 개발했다. 그 이후 여객기는 1920년대에 금속화, 1930년대에 근대화, 1940년대에 장거리화, 1950년대에 제트화, 1960년대에 대형화, 1970년대에 초음속화, 1980년대에 디지털화, 1990년대에 초장거리화, 2000년대에 초대형화……, 짧은 기간에 여객기는 이렇게 비약적인 진보를 계속하면서 오늘에 이르고 있다. 제트여객기의 경우 1950년대에 장거리 수송을 목적으로 한 4발의 '제1세대 제트여객기'가 개발되었다. 그 이후 1960년대에 단거리용 쌍발의 '제2세대 제트여객기', 1970년대에 대형 장거리기용 3발·4발의 '제3세대 제트여객기', 1980년대의 하이테크기기를 장착한 '제4세대 제트여객기'까지 약 60년간 4단계에 걸쳐 비약적 진보를 해왔다.

○ 임페리어항공의 객실모습 (1930년대)

항공수송의 첫걸음

1903년 미국의 라이트 형제가 동력비행에 성공한 지 10년 밖에 안 된 1912년에 영국이 처음으로 쌍발 복엽의 폭격기 비커스 비미를 개조하여 2인승의 여객기를 개발했다. 이어서 1914년에 미국은 처음으로 2인승 비행정 베노이스트 14로 정기 노선을 개설하여 정기수송을 시작했다.

이렇게 시작된 항공수송은 제1차 세계대전이 끝난 뒤 1919년에 패전국 독일이 정찰기를 여객기로 개조하여 베를린-바이마르 간에 국내항공수송을, 프랑스가 폭격기를 개조한 파르망 골리아드로 파리-브뤼셀 간에 국제항공수송을 시작했다. 그 이후 항공수송은 유럽과 미국에 이어 전 세계로 확장되었다. 1919년에 세계에서 가장 오래된 항공사인 KLM 네덜란드항공을 비롯하여 1920년에 호주의 콴타스항공, 1925년에 독일의 루프트한자항공, 1929년에 미국의 아메리칸항공이 설립되었다.

가장 오래된 KLM항공의
미국노선 개설 포스터

최초의 정기노선에 운항한
베노이스트14 비행정(1914년)

근대여객기의 탄생

↑
미국 팬암 항공 클리퍼 비행정의
태평양 노선 개설 포스터

○
대서양 노선을 개설한
마틴-130 비행정

항 공수송이 점차 활발해지자 1923년에 독일의 융커스사
가 4인승의 단발단엽의 금속제 여객기 융커스 F-13을,
1925년에 네덜란드의 포커사가 철관 골조에 목재합판을 입힌 반
금속제 여객기 F-7을 개발했다. 민간수송 전용의 여객기의 등장
으로 항공수송이 본격적으로 발달하기 시작했다.

1930년대에 들어와서 미국을 중심으로 알루미늄 합금으로 만든
근대여객기가 개발되어 여객기의 속도, 탑재력, 항속거리가 크
게 향상되었다. 대표적인 근대여객기로 1933년에 미국 보잉사의
B-247이 등장했으며 뒤이어 더글러스사의 DC-2[1934년], 록히드
사의 L-10 엘렉트라[1935년]에 이어 1936년에 더글러스사의 21인승
쌍발 여객기 DC-3, 그리고 보잉사의 B-307 스트라토라이너[1938
년]가 개발되었다. 항공사는 스위스항공[1931년], 에어프랑스[1933년],
유나이티드항공[1934년], 영국해외항공[1939년] 등이 설립되었다.

프로펠러 여객기의 전성시대

제 2차 세계대전이 끝나고 본격적인 항공수송시대가 열렸다. 대전 중에 혁신적으로 진보한 항공기술을 이용하여 개발된 4발의 대형 장거리 프로펠러 여객기가 민간용으로 전환되면서 항공여행의 전성시대를 이루었다.

대표적인 여객기로, 대전 중에 위력을 크게 과시했던 대형 장거리 중폭격기 B-29를 개조하여 1946년에 개발된 보잉사의 B-377을 시작으로 1964년 더글러스사의 DC-6B, 1947년 록히드사의 L-749 컨스텔레이션, 1950년 더글러스사의 DC-7, 1956년 일명 코니라고 불린 록히드사의 L-1049 슈퍼 컨스텔레이션 등 장거리 대형 프로펠러 여객기가 개발되었다. 이들 프로펠러 여객기는 평균 시속 480㎞의 속도에 항속거리가 4,800㎞였다.

영국 임페리얼 항공의
런던-뉴욕 노선 개설 포스터

록히드사의 4발 대형 프로펠러
여객기 L-1049(1956년)

Eastern's New 88-Passenger
SUPER-CONSTELLATION

제트여객기 시대의 개막

19 49년에 영국의 드 하빌란드사가 최초의 제트여객기인 DH-106 코멧을 개발했다. 그 뒤를 이어 미국 보잉사의 B-707 [1958년], 더글러스사의 DC-8 [1959년], 콘베어사의 CV-880 [1960년] 등 4발의 장거리 제트여객기가 개발되어 본격적인 제트여객기 시대가 열렸다. 이들 '제1세대 제트여객기'는 속도가 시속 900km에 좌석이 130석으로 프로펠러 여객기보다 수송효율이 네 배가 더 높았다. 1960년대 후반 새로운 제트엔진인 터보팬엔진이 개발되어 수송효율과 경제성이 크게 향상된 보잉사의 B-727 및 B-737, 더글러스사의 DC-9, 영국의 BAC-111 등 쌍발 중·단거리 제트여객기가 나오기 시작했다. 이들 '제2세대 제트여객기'는 중·단거리 노선의 제트화에 크게 기여했다. 또한 엔진출력제어장치, 조종장치, 브레이크장치 등이 자동화되어 두 명의 운항승무원으로 비행할 수 있게 되었다.

보잉 B-707 제트여객기 취항 포스터

영국 드 하빌란드사가 개발한 최초의 제트여객기 코멧 DH-106(1949년)

대량·초음속수송 시대의 개막

19 60년대 말에 최대 500명을 수송할 수 있는 4발 대형의 장거리 제트여객기 B-747의 개발로 하늘의 대량수송시대가 열렸다. 보잉사의 B-747-100에 이어 맥도널 더글러스사의 DC-10, 록히드사의 L-1011, 유럽 에어버스사의 A-300 등이 등장했다. '제3세대 제트여객기'인 이들 대형 제트여객기는 우주비행을 위해 개발된 최첨단 기술을 집대성하여 만든 여객기다. 각종 시스템의 자동화와 이중화로 여객기의 안전성과 경제성이 크게 향상되었다. 운항시스템은 관성항법장치를 이용한 자동비행장치가 도입되어 지상항행시설이나 항법사의 도움 없이도 비행할 수 있게 되었다. 뒤이어 1970년대 후반에 에어버스사에 의해 음속의 두 배로 비행하는 초음속여객기 콩코드가 개발되어 초음속시대가 열렸다.

대한항공의 70년대 포스터

1980년대 후반에는 보잉사의 B-747-400을 비롯하여 맥도널 더글러스사의 MD-11, 에어버스사의 A-340 등의 장거리 대형 제트여객기, B-767, B-777, A-330 등 장거리 중형 제트여객기, MD-90, F-100, A-320 등 단거리 소형 제트여객기에 이르기까지 최첨단 항공기술과 컴퓨터를 이용한 하이테크 제트여객기가 등장했다.

이들 '제4세대 제트여객기'의 특징은 최신 디지털 조종시스템의 도입으로 운항 안전도의 극대화, 조종시스템의 간편화, 최신 엔진의 사용, 연료효율의 개선, 신소재의 사용, 기체 중량의 경감, 연장수직날개의 채용, 항속거리 및 탑재력의 증대에 있다. 그리고 조종봉 대신에 플라이 바이 와이어 방식의 사이드 스틱을 도입했다. 21세기에 들어와서 최대 850명을 수송할 수 있는 에어버스사의 초대형 제트여객기 A-380이 개발되었다.

1903년 미국의 라이트 형제가 인류역사상 최초로 동력비행에 성공했을 당시 비행거리는 36m였다. 이때만 해도 항공수송이 오늘날처럼 발달하리라고는 상상조차 못했을 것이다.

B4 항공여행 중 기내에서의 건강관리는?

항공여행을 하면 공항에서의 혼잡, 여객기에 탑승할 때까지의 오랜 시간의 대기, 여객기에 탑승 후 객실 내의 밀폐된 거주 공간, 기압·온도·습도 등 지상과 다른 기내환경, 좁은 좌석에 같은 자세로 앉아 오랜 시간의 비행으로 알게 모르게 피로가 쌓일 수밖에 없다. 평소에 건강했어도 병에 대한 저항력이 약해져 비행 중에 구토, 소화불량, 불면증, 비행 멀미, 항공병 등으로 고생할 수도 있다. 유쾌한 항공여행을 하기 위해서는 비행 중 병이 나지 않도록 승객 각자가 사전 예방하는 것이 중요하다.

비행 중의 객실 내 환경

만미터가 넘는 높은 하늘을 비행하는 제트여객기의 바깥 환경은 기온이 -50℃ 이하로 매우 춥고 습도는 제로에 가까우며 기압은 지상의 4분의 1밖에 안 된다. 그런데도 객실환경은 인공적으로 조절해 온도, 기압, 산소농도가 거의 지상과 비슷하다. 그렇지만 기내 습도만은 기술적인 문제로 조절되지 않아 매우 건조하다.

이처럼 객실 내는 비교적 쾌적한 환경을 유지하고 있어 항공여행을 하는 데는 크게 문제가 되지 않는다. 그러나 지상과 약간씩 다른 기내환경으로 인체의 병에 대한 저항력이 약해진다. 지상에서 대수롭지 않게 생각했던 병도 여객기를 타고 오랜 시간을 비행하면 갑자기 악화될 수도 있다. 항공여행을 할 때는 각자가 비행 중에 세심한 주의를 기울여 건강을 관리해야 한다.

많은 승객이 좁은 공간에서 긴시간동안 여행하다보니 건강관리에 신경을 써야한다.

기압의 저하와 비행 중 건강

비행 중의 객실 내 기압은 한라산 꼭대기의 기압과 같은 수준으로 낮다. 더욱이 이착륙 때는 급격하게 고도가 변화하므로 기내기압의 변화도 심하다. 당뇨병, 심혈관질환, 호흡기질환, 심장질환, 중이염이 있는 승객은 비행 중에 악화될 수도 있어 주의할 필요가 있다.

당뇨병 환자는 미리 항공사에 저칼로리의 당뇨식사**糖尿食事**를 요청하면 준비해준다. 미처 신청을 못했을 경우에는 기내식을 조금 적게 먹도록 한다. 최근에 심근경색, 불안정협심증, 심부전, 부정맥, 심혈관질환이 발병한 적이 있는 환자는 주치의와 항공여행이 가능한지를 상의해야 하며 될 수 있는 대로 항공여행을 피하는 것이 좋다. 폐렴, 천식 같은 호흡기질환 환자는 사전에 항공사에 산소를 요청하는 것이 좋다.

일정한 온도에서 기체의 부피는 기압에 반비례한다는 '보일의 법칙**Boyle's law**'에 따라 객실 내의 기압이 낮아지면 몸 안, 특히 위나 창자 내의 가스가 팽창하여 속이 불편할 수 있으며 심한 경우에는 토할 수도 있다. 여객기를 탑승하기 전에 야채류나 과일류 그리고 탄산소다나 맥주같이 체내에서 가스를 발생시키는 음식이나 음료수는 피해야 한다.

여객기가 상승하면 기내 기압이 내려가 귀 속과 바깥에 기압 차가 생긴다. 그러면 귀 속 고막 뒤에 풍선 모양의 공간 속 기압이 올라가 고막이 바깥으로 팽창한다. 여객기가 하강하면 이번에는 귀 속의 기압이 낮아져 고막이 안으로 휜다. 이 때문에 귀가 멍멍해지거나 통증이 오는 경우가 있다. 비행 중에 일어나는 급병 중의 하나인 항공성 중이염**航空性中耳炎**이다. 이러한 증상이 발생할 때는 턱을 아래위로 움직이거나 껌을 씹으면 불편을 완화할 수 있다. 증상이 계속될 때는 입을 다물고 코를 막은 채 볼에 숨을 채우거나 침을 삼키면 도움이 된다. 어린아이들에게 이런 현

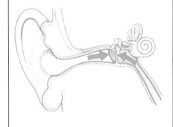

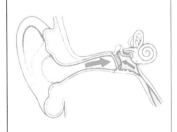

⬆
기내 기압의 변화는
항공 중이염의 원인

상이 더 많이 생긴다. 비행 중 어린아이가 심하게 울면 '항공성 중이염'을 의심할 필요가 있다. 그대로 울게 두면 목의 근육이 움직여 고막의 팽창을 막아주어 통증이 없어진다. 유아에게 우유를 먹이거나 고무젖꼭지를 물려주어도 좋다.

비행 중에는 양치질하는 것도 삼가야 한다. 낮은 기압 때문에 잇몸을 크게 다쳐 항공성 치통을 느낄 수 있다. 이것은 잇속과 잇몸에 있는 혈관이나 신경이 부어 단단한 치아 면을 압박하면서 나타나는 통증이다. 비행 중에는 깨끗한 물수건으로 부드럽게 이를 닦거나 물로 입안을 가볍게 헹구어내는 정도로 그쳐야 한다. 기내에서의 이쑤시개 사용은 더 치명적이다. 오랜 시간 비행을 한 다음에는 머리를 안 감는 것이 좋다. 모공이 부어 있어 머리털이 빠질 수 있다.

비행 중의 비행멀미

비행 중에 기류가 악화되거나 갑자기 난기류를 만나면 기체가 흔들려 배를 탔을 때처럼 어지럽거나 토하면서 비행멀미에 시달릴 수 있다. 비행멀미가 났을 때는 옷을 느슨하게 풀어주고 의자를 뒤로 젖히고 편안한 자세로 숨을 깊이 쉬도록 한다.

비행멀미 때문에 고생하는 것을 피하기 위해서는 기름에 튀긴 음식이나 지방이 많은 음식, 그리고 술이나 담배를 피하는 것이 좋다. 비행멀미를 하는 승객은 흔들림이 덜한 주 날개 근처, 뒤쪽보다는 앞쪽, 창 쪽보다는 통로 쪽 좌석에 앉는 것이 도움이 된다.

온도·습도와 비행 중 건강

객실 내 온도는 일반적으로 섭씨 23도~26도로 적정 온도를 유지하고 있다. 그렇더라도 비행고도에 의해 달라질 수 있으며 항공사에 따라 기내 온도가 낮을 수도 있어 비행 중에 때때로 약간의 추위를 느낄 때가 있다. 이럴 때에 대비하여 여객기를 탑승할 때는 상의를 입거나 두꺼운 스웨터를 갖고 타는 것이 좋다. 잠잘 때는 체온이 약간 떨어지므로 스웨터를 걸치거나 객실승무원에게 담요를 요청하여 사용하도록 한다.

쾌적함을 느끼는 습도가 50~60%인데 객실 내는 사막의 습도에 가까운 15~20% 수준으로 매우 건조하다. 이 때문에 몸 안의 수분이 증발하여 수분 부족으로 눈이나 코가 건조해져 불편을 느끼게 된다.

따라서 피부를 적셔주는 워터 스프레이나 보습제, 안약을 갖고 타는 것이 좋다. 기내에서는 몸 밖으로 많은 수분이 빠져나간다. 그러므로 비행 중에는 음료수를 자주 마셔 수분을 평소보다 많이 보충해야 한다.

커피나 홍차는 많이 마시면 수분을 잃게 하며 심할 때는 탈수증이 올 수 있으므로 피하는 것이 좋다. 잠을 잘 때는 얼굴에 보습 성분이 들어간 시트마스크를 하는 것도 도움이 된다. 콘택트렌즈를 착용하더라도 별문제는 없으나, 가능하면 기내에서는 안경을 착용하는 것이 바람직하다. 비행고도가 높아져 기내의 산소농도가 낮아지면 혈액 내의 산소량도 감소되어 심장질환이나 빈혈이 있는 승객은 산소농도가 낮아지는 것에 적응 못할 수도 있다. 인간의 뇌나 그 밖의 기능에 장해를 줄 정도로 체내의 산소가 부족한 상태 즉 저산소증 **低酸素症**이 왔을 때는 물을 마시고 몸을 따뜻하게 해주고 복식호흡을 하면 도움이 된다.

비행 중 건강유지를 위해서는
편안히 잠자는 것이 가장 좋다.

비행 중 수면

장거리 여행일수록 비행 중에는 건강유지와 시차 병의 예방을 위해 편안하게 잠자는 것이 좋다. 여객기의 진동이나 소음, 낮은 습도 때문에 깊이 잠들기가 쉽지 않다. 잠자는 데 방해되지 않도록 기내 식사는 가볍게 하고 과음이나 커피 같은 카페인이 든 음료도 삼가는 것이 좋다. 잠잘 때는 체온이 떨어져 깰 수 있으므로 담요를 덮어 몸을 따뜻하게 하고 수면용 안대를 착용하는 것이 좋다.

항공여행을 할 때는 편안한 옷을 입도록 하고 비행 중에는 음식은 적절한 시간에 적당하게 먹는 것이 중요하다. 또한 잠을 청하기 위해서는 기내영화를 보는 것보다는 음악을 듣는 것이 도움이 된다. 수면제를 복용하는 것도 방법이지만 될 수 있는 대로 피하는 것이 좋다. 부득이 복용할 경우에는 비행시간과 복용량에 주의할 필요가 있다.

B5 항공병의 발생 원인과 그 예방방법

여객기의 객실은 지상보다 기압이 낮고 매우 건조하다. 더욱이 좁은 좌석에 앉아 오랜 시간 비행하면 수분·수면·운동의 부족으로 건강상 문제가 생길 수 있다. 비행 중에 생기는 여러 가지 항공병이 있지만, 가장 문제가 되는 것이 '시차 병'과 '이코노미 병'이다. 예를 들어 서울에서 오후 3시에 출발하여 동으로 약 13시간 비행하면 로스앤젤레스에 도착한다. 로스앤젤레스는 오전 11시인데 체내의 생체시계는 한국 시간으로 오전 4시로 잠자고 있을 시간이다. 생체시계의 요구대로 잠을 자버리면 밤에 잠이 오지 않아 '시차 병'에 시달린다. 또한 객실 내의 좁은 좌석에 같은 자세로 오랫동안 앉아 있다보면 다리가 붓고 혈전이 생겨 혈관을 막는 현상인 '이코노미 병'에 걸릴 수 있다. 이코노미 병의 경우에는 생명을 잃을 수도 있다.

시차 병과 극복방법

여객기를 타고 미국이나 유럽 등 지구를 동서로, 그것도 시간대가 바뀌는 먼 거리를 짧은 시간에 비행하면 목적지에 도착한 뒤 누구나 시차 병 Time Difference에 시달린다. 다만 지구를 남북으로 이동하면 시차 병이 생기지 않는다. 시차 병은 의학전문용어로 제트 시차증후군 Jet Lag Syndrome이라고 한다. 사람은 몸 안에 생체 生體시계라고 불리는 손에 차고 있는 시계와는 관계없는 또 하나의 시계를 갖고 태어난다. '시차 병'은 이 생체시계와 손목시계가 맞지 않아 생기는 현상이다.

여객기를 타고 짧은 시간에 먼 거리를 이동하면 갑작스런 시간대의 변화로 생체리듬이 깨진다. 그러면 도착지에서 밤과 낮의 생활리듬과 조화를 이루지 못해 생기는 일시적인 심신의 무질서 상태를 겪게 된다. 밤에는 잠이 오지 않고 낮에는 졸리고 피로하다. 심한 경우에는 식욕부진, 소화 불량, 집중력 저하, 불규칙적인 배변과 같은 증상이 나타난다.

시차에 영향을 주는 요인으로는 항공여행의 방향, 이동거리, 통과 시간대의 수, 탑승시간, 현지 도착시간, 개인차 등을 들 수 있다. 일반적으로 5시간의 시차를 통과하면 회복하는데 만 하루가 필요하다. 예컨대 한국과 10시간의 차가 있는 시간대를 통과했을 때는 최소 48시간을 휴식해야 시차 병에서 벗어날 수 있다. 시차는 동에서 서로 즉 한국에서 유럽으로 여행할 때보다는 서에서 동으로 즉 한국에서 미국으로 여행할 때 더 심하게 나타난다. 생체시계는 늦추는 것보다 앞당기는 것이 더 어렵기 때문이다.

시차 병을 극복하는 데는 약물요법과 행동요법이 있다. 약물요법은 트립토판, 멜라토닌, 수면제 같은 약을 사용하는 것이다. 될 수 있는 대로 이 방법은 피하는 것이 좋다. 행동요법은 항공여행을 떠나기 며칠 전부터 동으로 여행할 경우 하루 한 시간씩 일찍 자고 일찍 일어나고 서로 여행할 경우 그 반대로 한 시간씩 늦게

자고 늦게 일어나 현지 시간대에 가깝게 잠자는 시간을 조금씩 조정하여 미리 적응하는 것이다.

시차를 극복하기 위해서는 여객기에 탑승하면 시계를 목적지의 시간에 맞추고 비행 중에 그 시간에 맞추어 잠을 자고 목적지에 도착한 후에는 될 수 있는 대로 현지시간에 맞추어 생활한다. 그러려면 밤에 목적지에 도착했을 때는 현지시간에 맞추어 잠을 자도록 한다. 아침에 도착했을 때는 3시간 정도만 자고 그 이상은 자지 않도록 한다. 낮에 도착했을 때는 잠은 밤까지 견디고 잠이 오면 옥외에서 햇볕을 쬐도록 한다. 이 햇볕요법光療法은 생체시계를 조정하는 데 매우 효과적이다. 여행 내내 한국시간을 가리키는 손목시계를 차고 다니면서 '이제 한국은 아침 출근 시간이구나'라고 생각하는 여행자는 시차적응에 실패하기 쉽다.

이코노미 클래스 병과 예방방법

객실 내의 좁은 좌석에 같은 자세로 오랫동안 앉아 있으면 수분 부족이나 운동 부족으로 장딴지 안쪽에 있는 정맥이 압박을 받는다. 그러면 피의 흐름이 나빠져 다리가 약간 붓는다. 더욱이 기내가 매우 건조해서 혈액 속에 있는 수분이 몸 밖으로 나와버려 피의 농도가 짙어져 정맥 안에 작은 핏덩어리**심부 정맥혈전**가 생긴다. 이렇게 혈전이 생긴 상태에서 목적지 공항에 도착해 좌석에서 서둘러 일어서거나, 걷기 시작하거나, 여객기에서 지상으로 내려오면 정맥의 혈액이 갑자기 잘 흐르면서 핏덩어리도 피의 흐름을 타고 이동한다. 그러다가 폐나 심장이나 뇌로 옮겨가서 혈관을 막아버리는 경우가 생긴다. 그러면 폐동맥혈전증이나 뇌졸중이나 심근경색을 일으키게 되며 심한 경우에는 돌연사를 할 수도 있다. 시드니 올림픽을 관람한 28세의 영국 여성이 장거리 비행을 하고 런던공항에 도착한 직후에 이 증상으로 사망함으로써 문제가 되기 시작한 항공병이다.

이러한 증상이 이코노미 클래스를 이용하는 승객에게 많이 발생하기 때문에 이코노미 병 economy class syndrome이라고 부른다. 항공의학용어로 이코노미 클래스 증후군이라고 부르지만, 정식 병명은 폐동맥혈전색전증肺動脈血栓塞栓症이다. 이코노미 클래스 승객에게만이 아니라 퍼스트나 비즈니스 클래스, 그리고 버스나 기차 여행 때도 생긴다.

예방방법으로는 비행 중에 기내에서 적당한 운동과 충분한 수분을 섭취하는 것이 효과적이다. 장거리 항공여행을 할 때는 일정 시간 간격으로 화장실에 가거나 좌석에 앉은 채로 적당한 다리운동을 하도록 한다. 그러면 혈액의 흐름이 좋아져 '이코노미 병'을 예방하는 데 효과가 있다.

객실 내는 매우 건조하기 때문에 충분한 물을 섭취하는 것도 중요하다. 일정한 수분을 보충하면 혈액농도가 진해지는 것을 막을 수 있기 때문이다. 다만 술이나 커피 같은 음료수는 이뇨작용을 하여 혈액 밖으로 수분이 나가는 것을 오히려 촉진시키므로 피하는 것이 좋다. 승객 가운데는 화장실에 가는 것을 피하기 위해 일부러 수분을 섭취하지 않는 경우가 많은데 다시 생각해볼 문제다.

그 밖에 피의 흐름을 나쁘게 하지 않기 위해서는 꽉 끼는 바지나 옷은 피하고 과식을 하면 혈액의 흐름이 소화기관에 집중되기 때문에 기내에서는 지나치게 먹지 않도록 해야 한다. 이따금 다리를 마사지 해주는 것도 도움이 된다.

건강한 사람도 주의가 필요하지만 고혈압, 당뇨병, 심장병환자, 임산부에게 일어나기 쉽기 때문에 세심한 주의가 필요하다.

이코노미 클래스 병을 예방하는
간단한 발체조

B6

병약 승객을 위한 항공사의 특별서비스

여객기를 이용하는 승객은 다양하다. 항공사는 그중 아기, 어린이, 고령자, 신체장애자, 임산부, 환자 등 '병약 승객'이 여객기를 이용하더라도 아무런 불편이 없도록 특별한 서비스를 제공하고 있다. '병약 승객'을 위해 항공사가 어떤 서비스를 어떤 절차에 따라 제공하고 있는지 알면 항공여행에 많은 도움이 될 것이다. 그러나 항공사마다 특별서비스의 내용이나 절차가 바뀌므로 반드시 탑승하기 전에 항공사에 확인할 필요가 있다.

배시넷 서비스

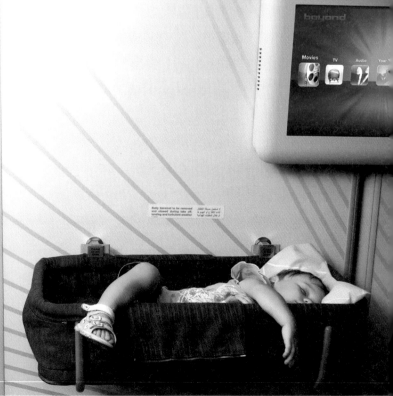

아기의 여객기 탑승

아기는 언제부터 여객기를 탈 수 있을까? 생후 8일 미만의 아기는 여객기를 탈 수 없다. 건강하게 태어났더라도 심장, 폐 등 여러 기능이 완전하지 않기 때문이다. 생후 8일에서 만 2세까지의 아기는 보호자가 있는 경우에만 여객기를 탈 수 있다. 아기가 좌석을 차지하지 않고 보호자의 무릎에 앉아 갈 때는 항공권이 필요 없다. 미리 신청하면 항공사에서 아기용 배시넷 **아기요람**을 준비해준다.

아기가 좌석에 앉아서 갈 때는 항공권이 필요하다. 생후 7일 이상, 만 2세 미만 아기의 항공운임은 성인 정상운임의 10%다. 아기가 좌석에 앉아 갈 때 차일드시트를 사용하지 않은 아기는 안전벨트 착용의 신호가 켜지면 보호자의 무릎에 앉혀 안아야 한다.

만 3세에서 만 5세까지의 어린아이는 혼자서 앉아 갈 수 있지만, 보호자가 있어야 하며 항공권도 필요하다. 3세 이하의 아기는 보호자 한 사람이 두 아이까지 데리고 탑승할 수 있다. 다만 이 경우에 한 아이는 항공권이 있어야 하며 차일드시트를 사용해야 한다. 아기용 유모차는 바구니와 덮개가 없는 접이식 유모차만 기내에 갖고 들어갈 수 있다. 예약할 때 신청하면 어린아이용 바구니나 식사 그 밖에 기저귀나 베이비파우더 등을 항공사가 준비해준다.

만 5~16세까지의 소아는 보호자 없이도 혼자서 여객기를 탈 수 있다. 사전에 항공사에 신청하면 여객기를 타고 내리는 데 도움을 받을 수 있다. 이 경우 출발지·도착지에서 소아를 인수·인계할 부모나 보호자의 인적사항과 연락처가 기입된 서류를 지참해야 한다.

⬆ 만 5세가 지난 아이는
보호자없이 탑승이 가능하다.

고령자의 여객기 탑승

고령자가 여객기에 탑승할 때는 각 항공사가 여러 가지 서비스를 제공해준다. 우선 출발 시에는 탑승구까지, 그리고 도착 시에는 도착로비까지 전담도우미가 도와준다. 항공사에 따라서는 도중에서 자사 항공사의 연결뿐만 아니라 다른 항공사의 연결편까지 환승을 도와준다.

휠체어가 필요할 때는 항공사에 신청하면 빌려주고 탑승구에서는 기내용 휠체어를 준비해준다. 승객 자신의 휠체어를 이용할 경우에는 탑승구까지만 사용하고 기내에서는 항공사의 기내용 휠체어를 이용해야 한다.

휠체어를 이용하는 경우
탑승할 때 기내용으로
바꿔 이용해야 한다.

환자·신체부자유 승객의 여객기 탑승

신체가 자유롭지 못해 도움이 필요한 승객은 항공사가 전담도우미 서비스를 해준다. 더욱이 몸이 불편하여 좌석에 앉기가 힘든 승객에 대하여는 항공사가 기내에 스트레처 **조립식 간이침대**를 설치해준다. 스트레처의 설치는 사전 준비가 필요하므로 예약할 때 신청해야 하며 별도요금을 지불해야 한다. 시각이나 청각 장애인의 경우 인도견과 함께 탑승할 수 있으며 인도견은 무료다. 의료기기를 사용해야 할 승객은 사전에 항공사에 통보해야 한다. 의료기기 중에는 기내에서 사용이 제한되는 경우가 있

기내에서 제공해주는
스트레처

으며 또한 의사의 진단서나 동의가 필요한 경우도 있다. 여객기에 탑승하고 있는 동안에 의료기기의 사용이 필요한 승객이나 일반 좌석에 앉아서 갈 수 없는 승객의 경우에도 여객기에 탑승할 수 있도록 스트레처 서비스를 받을 수 있다. 필요에 따라서는 의료용 산소통이나 의료기기를 갖고 탈 수도 있다. 다만 기내에 갖고 탈 수 있는 산소통의 규격이 정해져 있으며 제출해야 할 서류가 있다.

여객기 내에는 해열제, 소화제, 진통제 같은 일반 의약품을 비롯하여 혈압강하제 같은 특수 의약품 그리고 심장마비를 일으킨 승객의 심장에 전기충격을 주는 자동 심실제세동기, 수동식 인공호흡기, 간단한 수술이 가능한 의료장비들을 갖추고 있다.

임신부의 여객기 탑승

대부분의 항공사가 임신 3개월까지는 여객기를 이용하지 않도록 권고하고 그 이후 임신 제32주까지는 산부인과 의사의 진단서가 없더라도 일반인처럼 여객기의 탑승을 허용하고 있다. 그러나 임신 제32주가 넘으면 의사의 진단서가 있어야 한다.

임신 제38주**8개월 반**가 넘으면 여객기에 탑승할 수 없다. 가장 큰 이유는 객실의 기압이 낮아 장내의 가스가 약간 팽창하여 복부압박을 받기 때문이다. 임신부의 경우 항공편을 예약할 때 항공사에 임신 일수, 출산 예정일 등을 알려주어야 한다.

객실 내의 기압의 변화로 임신부는 몸 안의 가스가 팽창하면서 복부압박을 받게 된다. 그 압박이 심하면 예정보다 빨리 출산할 수도 있으므로 이에 대한 대비도 해두어야 한다. 여객기 내에서의 출산이 생각보다 많다. 또한 임신 중에는 혈전증의 위험이 높기 때문에 기내에서 압박스타킹을 착용하는 것이 좋다. 임산부는 안전벨트를 맬 때 골반과 대퇴상부에 매도록 해야 한다.

애완동물과 함께 여객기 탑승

승객 중에는 애완동물과 함께 여객기에 탑승하기를 희망하는 승객이 있다. 애완동물은 원칙적으로 케이지에 넣어서 탑승해야 한다. 케이지는 가로, 세로, 높이 3변의 합이 115㎝, 총 무게 5㎏ 이하로 제한된다. 케이지를 사전에 준비하지 못한 승객에게는 항공사가 무료 또는 유료로 빌려준다.

국제선에 애완동물이 탑승하면 동물의 수출입과 같이 취급된다. 따라서 수출검역증명서, 출입국허가서, 예방접종, 건강증명서, 수입증명서 등 수출입에 관한 각종 서류가 필요하다. 승객이 동반하는 애완동물은 다른 수하물 유무에 관계없이 별도로 정해진 초과 수하물 요금을 지불해야 한다.

일반적으로 여객기에 탑승할 수 있는 애완동물은 개, 고양이 그리고 새로 제한된다. 개 중에서도 사냥개 등 일부 개는 탑승이 제한된다. 토끼, 햄스터, 병아리, 거북이, 도마뱀 등은 탑승할 수 없다.

승객이 동반한 애완동물은 여객기의 어디에 탑승하게 되는 걸까? 애완동물은 앞좌석 밑에 두는 경우도 있고 화물실에 실릴 수도 있다. 일반적으로 화물실의 온도가 10℃이므로 애완동물을 화물실에 실었을 때는 20℃로 조정한다. 비행 중에 애완동물에게는 식사가 제공되지 않는다. 항공사에 따라 운송조건이 다르므로 사전에 반드시 확인해야 한다.

애완동물은 사람보다 더 복잡한 절차가 필요하다.

B7

세계 표준시와 시차는 왜 생길까?

해외여행을 하면 시차 time difference 때문에 번거로울 때가 많다. 해외에서 한국으로 전화하려면 지금 몇 시인지 확인하고 걸어야 한다. 항공사의 타임테이블에는 출발과 도착시간이 현지시간으로 표시되어 있어 그것만으로는 비행시간이 얼마나 걸리는지 알 수 없다. 또한 유럽이나 미국으로 여행할 때는 '시차 병'으로 고생할 수도 있다. 나라와 나라, 지역과 지역 사이 그리고 미국처럼 땅이 넓은 나라는 같은 나라 안에서도 시차 時差가 있다. 시차는 지구가 둥글고 자전하기 때문에 생기는 현상이다.

우리나라는
표준시보다 9시간 빠르다.

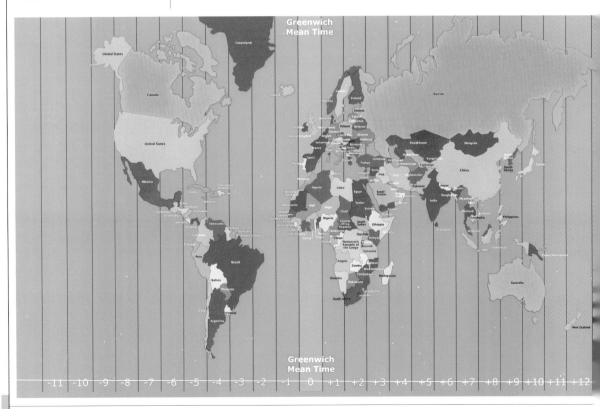

세계 표준시

지구는 스스로 한 바퀴를 도는 데 24시간이 걸리기 때문에 360도÷24시간=15도, 즉 1시간에 경도 15도를 돌며 경도 1도를 도는 데 4분이 걸린다. 지역마다 시간이 다르면 불편하기 때문에 19세기 후반에 영국 그리니치에 있는 왕립 그리니치 천문대를 남북으로 통과하는 선을 본초 자오선 prime meridian이라 하여 세계 시간의 기준으로 삼았다. 이것이 그리니치 표준시 GMT, Greenwich Mean Time로 시간의 세계화가 이뤄진 것이다.

GMT를 기준으로 할 때 세계 각 지역에서는 그곳 경도에 따른 태양시 Sun Time인 지역시 Local Time가 결정된다. 이것은 태양이 그 지역의 자오선을 지나는 시각인 일남중평균시 日南中平均時다. 그러나 한 나라 안에서 지역마다 시간이 다르면 불편하기 때문에 하나의 자오선을 선정하여 시간을 정하고 이 시간을 일정 지역에서 같이 쓰고 있다. 이것을 표준시 Standard Time라 한다.

경도 0도인 표준시를 기준으로 지구를 동서로 각각 12시간대씩 모두 24시간대로 나누어 그 시간을 국가별·지역별로 표준시로 정하여 사용하고 있다. 경도 0도인 그리니치를 기준으로 경도 15도씩 오른쪽 **동쪽**으로 갈수록 1시간씩 빨라지고 왼쪽 **서쪽**으로 갈수록 1시간씩 늦어진다. 경도 15도에 1시간씩 차이가 난다.

표준시는 언제 생겼을까?

옛날에는 생활범위가 좁았고 이동도 천천히 했기 때문에 나라나 지역에 따라 시간이 차이가 나도 큰 문제가 되지 않았다. 그러나 18세기 중엽에 산업혁명이 일어나면서 자동차나 철도 등의 교통기관이 발달되어 사람들이 짧은 시간에 멀리까지 여행하게 되면서 지역별로 시간이 달라 매우 불편했다. 그래서 1883년에 국제협정을 통해 그리니치 표준시와 각 지역 표준시가 생겼고 지금까지 사용해왔다. 그러나 1972년부터는 그리니치 표준시보다 더 정확한 원자시계를 기준으로 한 협정세계시 UTC, Coordinated Universal Time가 그 역할을 하고 있다. 일반적으로 승객들은 국제선 여객기에 탑승하면 시계를 현지시간으로 맞추어놓지만, 조종사는 협정세계시에 맞추어놓고 여객기를 운항한다. 그리니치 표준시와 특정지역 표준시와의 차 또는 각 지역과 지역 사이의 표준시 차가 시차다. 시차는 지구가 둥글고 자전하기 때문에 지역마다 해가 뜨고 지는 시간이 다르며 지금이 아침인 나라도 있는가 하면 밤중인 나라도 생긴다.

지구의 시간의 중심을 그리니치 표준시를 시차 0으로 하여 그 동쪽을 양[+], 서쪽을 음[-]으로 정했다. 지도 밑에 표시된 음양은 그리니치 표준시를 기준으로 각 지역의 시차를 나타낸 것이다. + 는 GMT보다 빠르고 - 는 늦는 것을 나타낸다. 우리나라는 편의상 일본의 아카시明石를 지나는 동경 135도의 태양시를 한국표준시 KST Korea Standard Time로 쓴다. 한국표준시는 GMT+9로 그리니치 표준시보다 9시간이 빠르다.

날짜변경선

지구는 시계와 반대방향으로 자전하고 있다. 따라서 태양은 동에서 올라와 서로 진다. 즉 + 의 수가 큰 나라가 하루 더 빨리 시작된다. 그 반대로 - 의 수가 큰 나라는 + 의 나라가 다음 날을 맞이하고 있는데도 아직 전날인 경우도 있다. + 나라와 - 나라의 경계인 태평양 중앙의 경도 180°가 날짜변경선 International Date Line이다. 날짜변경선의 오른쪽동쪽과 왼쪽서쪽

사이는 24시간의 시차가 있다. 서에서 동으로 날짜변경선을 넘으면 하루가 늦고 동에서 서로 넘으면 하루가 빠르다.

그렇다면 호놀룰루에서 실제로 시차를 계산해보면 그리니치 표준시와의 시차가 우리나라는 +9로 세계표준시보다 9시간이 빠르고 호놀룰루는 -10으로 10시간이 늦다. 따라서 한국과 호놀룰루의 시차는 19시간의 시차가 있으며 한국은 호놀룰루보다 19시간이 빠르다. 한국에서 12월 25일 크리스마스 날 저녁에 출발하면 호놀룰루에 도착하는 것은 같은 날인 25일 오전이다. 크리스마스를 한국과 호놀룰루에서 두 번 맞게 된다. 세계에서 하루가 가장 빨리 시작되는 나라는 하와이와 호주 사이에 위치해 있는 키리바시 공화국이다. 지금은 없어졌지만 1950년대까지만 해도 태평양을 횡단 비행하던 여객기가 날짜변경선을 넘으면 항공사가 승객들에게 날짜변경선의 횡단 기념 증명서를 주었다.

비행시간의 계산방법

항공여행을 할 때 비행시간의 계산방법을 알면 편리하다. 항공사의 타임테이블에는 현지시간으로 출발과 도착시간이 나와 있어 비행시간이 얼마나 걸리는지 알 수 없다.

비행시간은 출발시간과 도착시간을 GMT로 환산하여 계산하면 된다. 서울에서 호놀룰루로 가는 항공편의 출발시간이 21시 20분이고 호놀룰루 도착시간이 현지시간으로 같은 날 오전 10시일 경우에 출발과 도착시간을 GMT로 환산하면 각각 12시 20분과 20시가 된다. 이 GMT의 시간 차인 7시간 40분(20시~12시 20분)이 비행시간이다. 이처럼 시차의 구조를 알고 있으면 국가간 시차나 비행시간을 간단히 알 수 있다.

할인운임과 알뜰항공권의 구입요령

해외여행이 자유화되면서 우리들 모두가 항공여행을 할 기회가 많아졌다. 해외여행에는 비용이 많이 든다. 특히 그중에서도 가장 부담이 큰 것이 항공운임이다. 항공운임은 기본적으로 어디로 여행하는지(여행 목적지), 언제 여행하는지(여행 시기), 얼마나 오랫동안 여행하는지(여행기간), 어떤 형태로 여행하는지(개인·단체), 그리고 어느 클래스를 이용하는지(좌석 등급)에 따라 달라진다.

일반적으로 항공운임은 비행거리가 짧을수록, 좌석등급이 낮을수록, 이용자가 적은 비수기일수록, 운항시간대가 좋지 않을수록, 중간경유지가 많을수록, 그리고 항공권을 빨리 구입할수록 더 저렴하다.

지금은 보기 어려워진 종이탑승권. 왕복시에는 반드시 리턴티켓을 간직해야만 했다.

NOT GOOD FOR PASSAGE	CARRIER	FLIGHT	CLASS	DATE	TIME	STATUS	FARE BASIS	NOT VALID BEFORE	NOT VALID AFTER
FROM MOSCOW SVO	SU	315	M	27JAN	1035	OKYLE			
TO NEW YORK JFK	DL	1866	Y	27JAN	1715	OKY			
TO BOSTON	=	V	0	I	D	=			
TO NEW YORK NYC/JFK	SU	316	M	03MAR	1500	OKY			
TO MOSCOW SVO									

RATE1USD=4648/1952RUR

MOW SU NYC800.00DL BOS356.36//NYC SU MOW M800.00NUC1956.
END ROE1.00000SITI XT RUR 31000YC RUR 7000XA RUR 14000XF

FORM OF PAYMENT: CASH

국제선 항공운임

여객기를 이용하기 위해 지불하는 항공권의 값이 항공운임이다. 국제선 항공운임은 종류가 많고 매우 복잡한 것 같지만, 정리해보면 그렇게 복잡한 것도 아니다.

국제선 항공운임은 각 항공사가 독자적으로 정하는 것이 아니다. 정기항공사들이 가맹하고 있는 국제항공운송협회 IATA가 2년마다 운임회의를 개최하여 향후 2년간의 운임을 결정한다. 필요에 따라서는 임시회의를 개최하거나 우편투표로 운임을 결정하기도 한다. 각 노선별·구간별로 항공운임을 설정한 다음에 각국 정부의 허가를 받아 모든 항공사가 적용한다.

이처럼 국제선의 항공운임은 국제적으로 표준화되어 있어 어느 항공사를 이용하더라도 노선별·구간별 국제선 항공운임은 원칙적으로 같다.

그 밖에 유가 상승에 따른 손실을 보전하기 위해 운임에 부과하는 유류할증료 Airline Fuel Surcharge가 있다. 이것은 1996년부터 도입된 항공운임의 일부로 노선별로 다르다. 항공연료 가격이 오르면 할증료도 오르고 반대로 내리면 내려간다. 2개월에 한 번 조정되며 국토교통부의 승인을 받는다. 유류할증료는 전체 항공운임의 약 10~20% 수준이다.

국제선 항공운임의 종류

국제선 항공운임은 크게 정상운임 Normal Fare, 특별운임 Special Fare, 할인운임 Discount Fare 세 가지로 나뉜다. 정상운임은 국제선 항공운임의 표준운임으로 기본적으로 비행거리에 따라 그리고 퍼스트, 비즈니스, 이코노미 클래스의 등급에 따라 항공운임이 설정되어 있다. 정상운임이기 때문에 어느 항공사를 이용하더라도 운임에 차이가 없다.

정상운임은 국제선 항공운임 중에서 가장 비싸다. 그 대신에 이점이 많다. 정상운임으로 구입한 항공권은 1년 동안 유효하다. 항공여행 중 일정 변경, 도중에 내렸다 다시 탈 수 있는 스톱오버 Stopover 도중체류, 다른 항공사의 항공편을 이용할 수 있는 트랜스퍼 Transfer 항공사 변경, 사용하지 않은 항공운임을 돌려받는 리펀드 Refund 환불 등에 아무런 제한이 없다.

특별운임은 여행목적, 여행자의 자격, 여행자의 나이 등에 따라 IATA가 설정한 운임으로 유아, 학생, 선원, 이민, 단체운임 등이 있다. 특별운임은 정상운임보다 저렴하다. 대신에 사용할 수 있는 자격, 여행기간, 항공권의 유효기간에 약간의 제한이 있다.

할인운임은 정상운임을 할인하여 판매하는 항공운임이다. 할인운임은 항공사가 할인하여 판매하는 정규할인운임과 여행사가 임의로 할인하여 판매하는 비정규할인운임이 있다. 비정규할인운임이 국제선 항공운임 중에서 가장 저렴하다. 할인운임은 저렴한 대신에 여행기간, 일정변경, 스톱오버나 트랜스퍼, 그리고 환불 등에 제한이 많다.

정규할인운임은 IATA가 인정한 기준에 따라 항공사가 할인하여 판매하는 할인운임이다. 이 운임은 이용조건에 제한이 있지만, 운임수준은 정상운임보다 저렴하다. 주목해야 할 정규할인운임에 에이팩스운임 APEX Fare이 있다. 이 운임은 사전구입 회유운임 Advance Purchase Excursion Fare의 약자로 항공사가 항공권의 사전구입을 조건으로 항공운임을 할인해주는 것이다. 정상운임보다 요금수준이 낮은 대신에 항공권의 구입을 일정 기간 전에 해야 한다. 이 운임은 IATA 공시운임이므로 항공사는 물론 여행사에서도 구입할 수 있다.

비정규할인운임은 원래 단체용으로 설정된 특별운임을 여행사가 임의로 개별여행자에게 판매하는 할인운임이다. 요금이 저렴한 지하철 회수권을 낱장으로 싸게 파는 것과 같다고 생각하면 된다. 이 비정규할인운임은 IATA 공시운임이 아니기 때문에 여행사마다 운임수준이 다르다. 항공사에서는 구입할 수 없고 여행사에서만 구입할 수 있다.

이 비정규할인운임은 운임수준이 가장 저렴한 대신에 이용조건에 제한이 가장 많다. 일반적으로 유효기간이 짧고 출발할 때와 돌아올 때의 일정이 정해져 있으며 그 일정을 변경할 수 없는 제한이 있다.

알뜰항공권의 구입요령

해외여행을 할 때 이 분야의 전문가인 여행사를 이용하는 것이 현명한 방법이다. 최근에는 항공사가 여러 가지 할인 항공권을 직접 고객에게 인터넷을 통해 온라인 판매하고 있다. 따라서 종래와 같이 무조건 여행사에만 의존하지 말고 온라인으로 항공사의 할인운임이 적용된 알뜰 항공권을 이용하는 방법도 활용해야 한다.

알뜰 항공권을 이용하기 위해서는 먼저 여행계획을 세워야 한다. 언제 해외여행을 할 것인지 **여행 시기**, 어디를 어떤 순서로 여행을 할 것인지 **항공여정**, 직행으로 갈 것인지, 경유해서 갈 것인지 **항공노선**, 항공편의 출발과 도착 예정시간을 언제로 할 것인지 **탑승스케줄**, 항공경비의 부담을 어느 수준으로 할 것인지 **여행조건** 등을 정한다.

여행계획을 세우고 나면 여행일정을 여행사가 결정하는 단체여행 형태로 갈 것인지 아니면 여행자가 스스로 결정하는 개인여행 형태로 갈 것인지 **여행형태**를 결정한다. 그 다음에 여행계획과 여행형태에 맞는 알뜰 항공운임을 찾으면 된다.

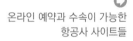
온라인 예약과 수속이 가능한
항공사 사이트들

개인형태의 여행을 하고자 할 때는 항공사마다 온라인을 통하여 판매하고 있는 계절별, 목적지별, 기간별, 노선별의 매력 있는 할인운임을 적용한 알뜰 항공권을 구입하여 이용하면 된다. 각 항공사의 홈페이지에 들어가면 여러 가지 알뜰 항공권을 쉽게 찾을 수 있다. 대표적인 예로 대한항공의 '알뜰 e-할인항공권', 아시아나 항공의 얼리버드 항공권인 '오즈 드림페어 OZ Dream Fare', 노스웨스트 항공의 '특별행사안 Special Offer', 루프트한자의 '온라인 특선 Special Deals' 등을 들 수 있다.

어디에서나 인터넷으로 항공사가 온라인으로 할인 판매하는 알뜰 항공권을 찾을 수 있다. 알뜰 운임을 찾으면 바로 온라인으로 예약하고 해당운임은 신용카드를 이용하여 온라인으로 지불한다. 그러면 항공사가 발권한 전자항공권 E-Ticket을 사무실이나 자택에서 받거나 프린트할 수 있다. 항공사의 온라인 서비스 E-Service 절차를 보면 각 항공사의 홈페이지로 들어가서 예약화면의 선택–스케줄·운임·공석 상황의 조회–예약–결제–전자항공권의 접수의 절차를 밟아 쉽게 항공권을 구입할 수 있다.

최근에는 온라인뿐만 아니라 스마트폰으로 항공권을 구입할 수도 있고 탑승수속을 할 수 있는 항공사도 늘고 있다. 이처럼 여행사를 통하지 않더라도 온라인과 스마트기기들로 저렴한 항공운임을 찾아 이용할 수 있다.

항공사의 정규할인운임보다 더 저렴한 항공운임으로 항공여행을 하고 싶을 때는 여행사의 비정규할인운임을 이용하는 것도 방법이다. 가장 저렴한 대신에 제한조건이 많지만, 여행계획의 조건에 맞으면 이용하는 것도 나쁘지 않다. 다만 얼마나 저렴하냐만 보지 말고 이용하는 데 있어서의 제한조건을 따져야 한다는 것을 잊지 말아야 한다.

스마트 폰의
항공사앱(대한항공)

B9

항공 포인트 카드의 효과적 활용 방법

대형 마트나 커피 하우스의 '포인트 서비스'가 우리 일상 생활에서 일반화되고 있다. 각자의 지갑에 신용카드는 한두 장밖에 없는데 포인트 카드는 여러 장을 갖고 있다. 신규고객을 유치하고 기존고객을 유지하기 위해 항공사는 '포인트 서비스' 대신에 '마일리지 서비스'를 실시하고 있다. '마일리지 서비스'는 포인트 대신에 비행 거리 단위인 마일리지를 사용한다. 일반적으로 이 서비스를 '마일리지 서비스'라고 부르지만, 정식 이름은 '상용고객우대 프로그램FFP, Frequent Fliers Program'이다.

'마일리지 서비스'의 기초지식

마일리지 서비스는 고객이 특정항공사의 여객기를 탈 때마다 실제로 탑승한 비행거리만큼 마일리지가 모인다. 그 마일리지로 해당 항공사의 무료 보너스 항공권이나 좌석 업그레이드와 같은 여러 가지 보너스를 얻을 수 있는 제도다.

이러한 보너스를 얻기 위해서는 먼저 특정항공사의 '마일리지 서비스' 회원이 되어야 한다. 회원이 되려면 항공사의 시내 영업소나 공항 카운터 또는 인터넷으로 가입하면 된다. 회원이 되는 데는 연령이나 신청자격에 제한이 없다. 신용카드와 달리 입회비도 연회비도 없다.

'마일리지 서비스'에 대해서 주의해야 할 것은 항공사가 이 서비스에 팔다 남은 빈 좌석을 활용한다는 것이다. 그렇기 때문에 이용객이 많아 빈 좌석이 없는 연휴 때나 성수기에는 보너스를 줄 좌석 수가 제한되어 있어 보너스를 얻기가 매우 힘들다.

또한 '마일리지 서비스'는 고객과의 계약에 의해 제공되는 것이 아니라 항공사가 일방적으로 고객에게 제공하는 인센티브다. 그래서 항공사가 일방적으로 이용조건을 바꿀 수도 있다. 항공사에 따라서는 모인 마일리지에 유효기간이 있어 일정 기간이 지나면 마일리지가 소멸되어버린다. 모인 마일리지는 이자가 붙는 것도 아니므로 적절한 시기에 빨리 사용하는 것이 최선이다.

🔼
각종 마일리지 카드

마일리지를 모으는 방법

마일리지를 효과적으로 모으기 위해서는 여러 항공사의 회원이 되기보다는 자주 이용하는 항공사의 회원이 되는 것이 중요하다. 각 항공사의 항공노선과 취항도시를 비교하여 각자에게 맞는 항공사를 선택하여 마일리지를 집중적으로 모으는 것이 중요하다. 그래야 마일리지를 모으기 쉬울 뿐만 아니라 자주 이용하는 고객일수록 항공사가 보너스 마일리지를 주거나 그 밖에 여러 가지 우대를 하기 때문이다. 동시에 고려해야 할 것이 마일리지의 유효기한이다. 열심히 마일리지를 모아도 유효기한이 끝나 없어져 버리면 그만이다. 이왕이면 마일리지의 유효기한이 없는 항공사의 회원이 되는 것이 중요하다.

같은 여객기를 탑승하더라도 퍼스트, 비즈니스, 이코노미 클래스 등 이용좌석의 등급이나 운임의 종류에 따라 제공되는 마일리지가 다르다. 예컨대 이코노미 클래스를 탑승했을 때 항공권을 구입한 운임이 정상운임일 때는 탑승한 거리만큼 마일리지를 100% 얻을 수 있다. 그러나 단체 항공운임으로 탑승하면 50%밖에 못 얻는다. 항공사마다 조금씩 다르지만, 같은 여객기를 탑승하더라도 비즈니스 클래스를 탑승하면 150%, 퍼스트 클래스를 탑승하면 200%의 마일리지가 모인다.

각 항공사는 여러 항공사와 '마일리지 서비스'를 제휴하고 있다. 제휴 항공사 간에는 서로 마일리지를 적립해주고 모인 마일리지로 서로 보너스를 주고 있다. 1년에 한두 번 탑승해서는 보너스를 얻을 수 있는 마일리지를 모으기가 힘들다. 그러나 회원이 된 특정항공사와 제휴하고 있는 마일리지 파트너를 이용하면 여객기를 타지 않더라도 마일리지를 모을 수 있다. 대표적인 예가 항공사와 제휴하고 있는 신용카드사다. 신용카드를 사용할 때마다 사용금액에 따라 마일리지가 모인다.

'마일리지 서비스'의 보너스

회원 항공사의 여객기를 탑승하여 마일리지가 일정한 기준까지 모이면 그 항공사가 제공하는 여러 가지 보너스를 이용할 수 있다. 가장 대표적인 보너스가 무료 보너스 항공권이다. 그리고 이코노미 클래스 항공권을 비즈니스 클래스로 업그레이드하는 보너스를 얻을 수도 있다.

항공사에 따라서는 수하물의 추가요금이나 기내 면세품 값을 마일리지로 대체할 수도 있다. 모인 마일리지가 부족할 경우에는 등록된 가족의 마일리지를 합산해서 보너스를 얻을 수도 있다.

그 밖에 누적 마일리지가 많거나 탑승회수가 많은 회원에게는 상급회원이 되는 제도가 있다. 상급회원이 되면 전용카운터를 이용한 탑승수속, 수하물 무료허용량의 추가 인정, 선호좌석의 우선 배정, 공항라운지의 이용, 보너스 마일리지의 제공 같은 여러 가지 서비스가 추가로 제공된다.

마일리지의 현명한 이용방법

마일리지를 효과적으로 모으고 이용하기 위해서는 '마일리지 단가'를 알아야 한다. '마일리지 단가'는 특정구간의 정상운임을 그 구간의 마일리지로 나눈 마일리지당 값을 말한다. 마일리지를 모으는 데는 '마일리지 단가'가 낮을수록 득이고 마일리지를 사용하는 데는 '마일 단가'가 높을수록 득이다. 마일리지를 모을 때는 '마일리지 단가'가 낮은 장거리 노선에서 모으고 사용할 때는 '마일리지 단가'가 높은 중단거리 노선에서 사용하는 것이 더 효과적이다.

모인 마일리지를 사용하는 경향을 보면 대부분 미국 등 장거리 노선을 이용할 때 비즈니스 클래스로 업그레이드하는 데 이용한다. 그러나 마일리지 비즈니스 업그레이드의 좌석이 제한되어 있어 얻기가 매우 어렵다. 마일리지 업그레이드보다는 마일리지를 좀 더 모아서 비즈니스의 무료 보너스 항공권을 신청하면 오히려 쉽게 무료 보너스 항공권을 얻을 수 있다.

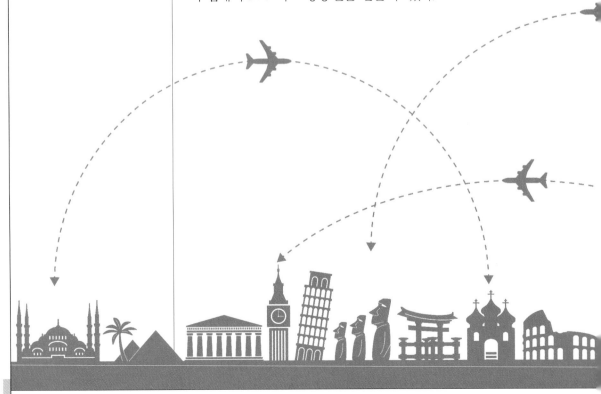

마일리지는 여름 성수기보다는 겨울 비수기에, 미국노선 같은 장거리 노선보다는 동남아나 한일노선 같은 중단거리 노선에, 비즈니스 클래스의 업그레이드보다는 비즈니스 무료 보너스 항공권에 사용하는 것이 활용의 요령이다.

마일리지를 여객기를 탑승하는 데만 사용하지 말고 마일리지로 호텔, 렌터카, 기내 면세품의 쇼핑 등에 활용할 수 있다. 심지어는 마일리지 투어Mileage Tour를 이용하면 마일리지로 무료 해외여행을 다녀올 수 있다. 대표적인 예로 대한항공의 스카이 패스회원은 한진관광의 'KAL 마일리지 투어'를 이용하면 항공권을 비롯하여 일본을 비롯하여 동남아, 중국, 미국, 유럽, 호주 등의 관광을 무료로 즐길 수 있다. 한진관광의 홈페이지 www.kaltour.com에 들어가 보면 '마일리지 투어'의 코스와 이용조건을 쉽게 찾을 수 있다.

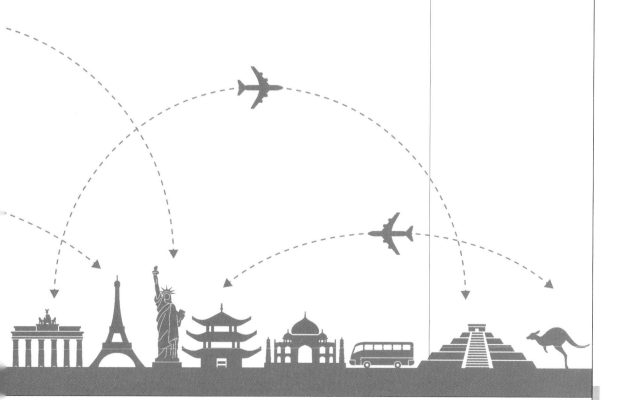

에어라인 얼라이언스 그리고 코드셰어란?

항공여행을 하면 '에어라인 얼라이언스'니 '코드셰어'니 하는 귀에 익숙지 않은 말을 자주 듣는다. 대한항공은 스카이팀, 아시아나항공은 스타얼라이언스, 그리고 홍콩의 캐세이퍼시픽 항공은 원월드, 세 항공사가 각각 다른 에어라인 얼라이언스에 가맹하여 짝지어 항공패싸움을 하고 있다. 그뿐만이 아니다. 누구나 한두 번은 여객기를 탑승할 때 예약한 항공사와 다른 항공사에 탑승하게 되어 당황한 적이 있을 것이다. 미국을 가면서 미국 여객기를 타보고 싶어 델타항공에 예약하고 항공권을 구입했다. 그런데 공항에 갔더니 대항항공의 카운터에서 탑승수속을 하고 탑승한 여객기도 대한항공의 여객기였다. 잘못 탄 것 같아 객실승무원에게 물어봤더니 잘못 탄 것이 아니라고 한다. 대한항공과 델타항공은 같은 에어라인 얼라이언스인 스카이팀에 가맹하고 있는 항공사로 미국행 항공편을 코드셰어 **공동운항**하고 있기 때문이라고 한다. 델타항공은 여객기를 직접 운항하지 않고 대한항공이 운항하는 여객기의 일부 좌석을 양보받아 자사 항공편처럼 편명을 붙여 판매하고 있는 것이다.

항공여행을 자주 하는 여행객까지도 때때로 헛갈려 당황하게 만드는 에어라인 얼라이언스나 코드셰어란 무엇이며 그 특징은 어디에 있고 여객에게는 어떤 이점이 있는 것일까?

에어라인 얼라이언스란?

콜핏옆에 스카이팀의 마크가
새겨진 여객기

사전을 찾아보면 얼라이언스는 '동맹'을 뜻한다. 원래 외교용어로 국가 간의 동맹을 뜻했다. 따라서 에어라인 얼라이언스Airline Alliance는 '항공동맹'이라는 뜻이다. 글로벌 경쟁을 하기 위해 전 세계 항공사들이 짝지어 항공수송업무를 서로 제휴하고 협조하고 있다. 이렇게 항공사들이 짝짓는 것이 바로 '에어라인 얼라이언스'라고 불리는 국제항공동맹이다.

글로벌 경쟁을 하게 되면서 항공사들이 글로벌 네트워크를 구축하기 위해 단독으로 몇백 대의 여객기를 확보하고 수백 개의 노선을 개설하여 운항하기에는 한계가 있다. 이러한 한계를 극복하기 위해 여러 항공사가 동맹을 맺고 서로 제휴하고 협조해 공동으로 여객기를 운항하고 노선망을 확대하고 공항시설을 이용

스타어라이언스회원사 여객기

하여 투자와 원가를 줄이고 서비스와 판매력을 강화하여 탑승률을 높이고 수입을 증대하고 있는 것이다.

동맹 항공사의 업무제휴 내용을 보면 특정노선에 있어서의 '코드셰어편'의 운항을 비롯하여 운항 스케줄의 조정, 마케팅 협력, 공항 라운지 등 시설의 공동사용, 공통의 운임 설정, 정비나 지상조업에 있어서의 협력, CRS**항공예약**의 제휴, 항공연료 및 부품의 공동구매, 마일리지 서비스의 상호이용 등 광범위하게 제휴하고 있다.

에어라인 얼라이언스의 항공사를 이용하면 이용자는 공통의 마일리지를 적립할 수 있다. 그 밖에 동맹 항공사 간에는 출발지부터 목적지까지 한 번의 수속으로 연결편의 좌석배정과 수하물이 처리되는 환승서비스를 받을 수 있으며 공동 할인운임을 이용할 수 있는 등 여러 가지 이점이 있다. 또한 세계 일주 프로그램인 라운드 더 월드Round the World도 얼라이언스별로 운용되고 있다.

세계 3대 에어라인 얼라이언스

처 음에는 여러 개의 에어라인 얼라이언스가 형성되어 경쟁했다. 그러나 일부가 도태되어 지금은 스카이팀 SkyTeam, 원월드 OneWorld, 스타얼라이언스 StarAlliance의 세 에어라인 얼라이언스가 글로벌 경쟁을 하면서 세계 항공시장의 80%를 점유하고 있다.

SkyTeam 스카이팀 www.skyteam.com은 대한항공을 비롯하여 델타항공, 에어프랑스, 아에로멕시코항공, 체코항공, KLM 네델란드항공, 중국 남방항공, 중국 동방항공, 베트남항공, 사우디아항공 등 20개 항공사가 가맹되어 있다. 약 2,800대의 여객기로 전 세계 177개국의 1,052개 도시에 하루 1만 6,000편 이상의 항공편을 운항하고 있다.(2014년 기준)

StarAlliance 스타얼라이언스 www.staralliance.com는 아시아나항공을 비롯하여 유나이티드항공, 루프트한자항공, 중국국제항공, 전일본공수, 오스트리아항공, 싱가포르항공, 스칸디나비아항공, 에어캐나다 등 현재 27개 항공사가 참여하고 있다. 약 4,500대의 여객기로 전 세계 192개국의 1,356개 도시에 하루 1만 8,500편 이상의 항공편을 운항하고 있다.

OneWorld 원월드 www.oneworld.com는 아메리칸항공과 일본항공을 중심으로 영국항공, 콴타스항공, 캐세이패시픽항공, 말레이지아항공, 카타르항공, 영국항공, 핀에어 등 16개 항공사가 가맹되어 있다. 약 3,300대의 여객기로 전 세계 152개국의 994개 도시에 하루 1만 4,000편 이상의 항공편을 운항하고 있다.

코드셰어란?

최근에 각 노선에 '코드셰어 Code Share 편'이 많이 운항되고 있다. 여객기는 한 항공사가 운항하고 그 항공편에 여러 항공사가 각각 자사의 편명을 붙여 판매하고 있다. 따라서 '코드셰어편'에 탑승한 일부 여객은 예약을 하고 항공권을 구입한 항공사와 다른 항공사의 여객기를 탑승하는 것이 된다. 코드는 '항공편', 셰어는 '공유'를 뜻하므로 코드셰어란 '편명공유'를 말한다. '코드셰어편'에서 여객기를 운항하고 객실 서비스를 하는 항공사를 운항항공사 Operating Carrier, 그 좌석의 일부에 자사의 편명을 붙여 판매하는 항공사를 판매항공사 Marketing Carrier라고 한다. 코드셰어편의 운항항공사는 여객기를 운항하고 판매도 하지만 판매항공사는 여객기는 운항하지 않고 판매만 한다.

코드셰어는 주로 같은 에어라인 얼라이언스의 항공사 간에 하지만, 그렇지 않은 항공사 간에도 코드셰어를 하는 경우가 있다. 이들 항공사는 코드셰어를 통해 운항효율을 향상하고 동시에 좌석의 판매를 강화하고 있다. 코드셰어 항공사는 적은 비용으로 노선을 확장하고 여객기의 효율적인 운항으로 운항 비용을 줄이고 수입을 늘리는 데 목적이 있다.

코드셰어편에서 주의할 점

코드셰어편을 이용할 때 주의해야 할 몇 가지를 정리해보면 우선 편명이 운항항공사는 항공사 코드 다음에 세 자리 숫자로, 판매항공사는 항공사 코드 다음에 네 자리 숫자로 표시되어 있다. 예컨대 인천–상하이 노선을 코드셰어하고 있는 중국의 남방항공 CZ과 대한항공 KE의 경우 운항항공사인 남방항공의 편명은 CZ 370이고 판매항공사인 대한항공의 편명은 KE 5809로 표시된다.

공항에서의 탑승수속은 여객기를 운항하는 운항항공사의 카운터에서 한다. 탑승수속 카운터를 잘못 찾아가지 않도록 사전에 확인해두어야 한다. 그리고 코드셰어편의 마일리지 서비스는 여객기를 운항하는 운항항공사의 마일리지가 아니라 항공권을 구입한 판매항공사의 마일리지를 받게 된다. 그러나 항공사에 따라서는 제휴항공사의 마일리지를 인정해주는 항공사도 있다.

코드쉐어는 둘 이상의 항공사가 한 종류의 비행기로 같은 구간을 운항하기에 운항효율을 높인다.

C

알면 재미있는
여객기
이야기

C1 하늘을 비행하는 여객기는 어떻게 생겼을까?

여객기가 개발되고 약 100년이 되었다. 그동안에 많은 여객기가 개발되었지만, 여객기의 기본구조는 예나 지금이나 별로 달라진 것이 없다. 여객기는 기체를 하늘로 뜨게 하는 양력을 얻는 데 필요한 주 날개主翼, 앞으로 나가게 하는 추력推力을 만들어내는 데 필요한 엔진, 비행 방향을 잡아주고 안정성을 유지해주는 꼬리 날개尾翼, 안전하게 비행하도록 조종하는 센터인 조종실, 사람이나 화물을 싣는 동체, 이착륙하는 데 필요한 착륙장치로 구성되어 있다.

여객기의 기본구조를 쉽게 이해하려면 사람과 비슷하게 생겼다고 보면 된다. 여객기는 사람의 머리에 해당하는 조종실, 몸에 해당하는 동체, 팔에 해당하는 주 날개, 심장에 해당하는 엔진, 다리에 해당하는 꼬리 날개, 발에 해당하는 착륙장치, 눈과 귀에 해당하는 항법·통신장치 그리고 폐에 해당하는 공조장치로 구성되어 있다.

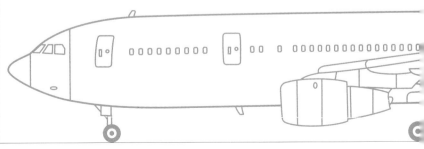

조종실과 객실

여객기의 동체는 기본적으로 아래위 2개 층으로 구성되어 있다. 다만 대형 여객기인 B-747은 앞부분이 3개 층 뒷부분은 2개 층이고, 최근에 개발된 초대형 여객기인 A-380은 동체 전체가 3개 층이다. 위층에 여객기를 운항하는 센터인 조종실 **콕핏**과 여객을 싣는 공간인 객실 **캐빈**, 아래층에 화물실과 바퀴나 장비를 넣는 공간 **벨리**이 있다.

조종실은 여객기를 조정하고 운항하는 중심센터로 사람의 뇌와 같은 역할을 한다. 조종실에는 여객기를 안전하게 운항하는 조종장치와 여러 시스템을 컨트롤하는 각종 계기와 스위치가 갖추어져 있다.

객실은 여객을 싣는 공간이다. 휴대용 물통처럼 바깥벽 **외판**으로 둘러싸여 있고 속은 비어 있어 여객을 싣기에 좋은 구조를 이룬다. 객실은 승객들이 앉는 객석 **캐빈**, 기내식을 준비하는 간이주방 **갤리**, 화장실 **래버토리**로 구성되어 있다.

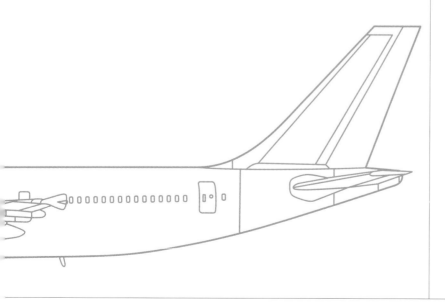

주 날개와 꼬리 날개

여객기에는 주 날개와 꼬리 날개가 있다. 주 날개는 거대한 여객기를 공중에 뜨게 하는 양력을 만드는 역할을 한다. 주 날개에는 양력을 높여주는 플랩Flap이라고 불리는 고양력장치 高揚力裝置와 양력을 줄여주는 스포일러Spoiler라고 불리는 고항력장치 高抗力裝置가 장착되어 있다.

여객기의 꼬리부분에 있는 작은 날개인 꼬리 날개는 비행 중에 균형을 잡아주고 방향을 바꾸어주는 역할을 한다. 꼬리 날개는 수평꼬리 날개와 수직꼬리 날개로 구성된다.

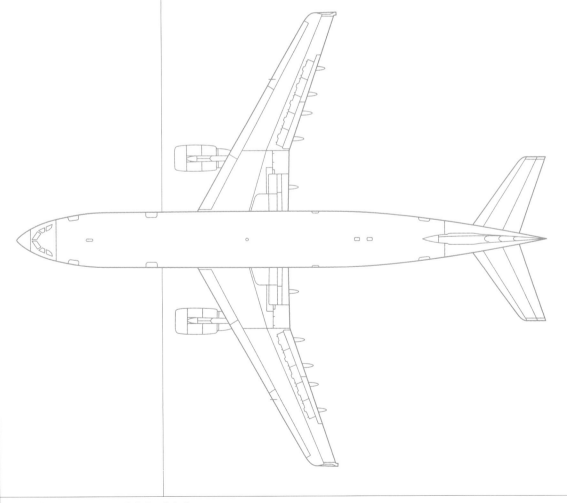

동력장치와 착륙장치

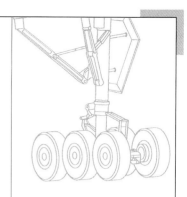

동력장치인 엔진은 여객기를 앞으로 나가게 하는 힘인 추력을 만드는 역할을 한다. 동력장치는 피스톤엔진과 제트엔진으로 나뉜다. 피스톤엔진은 프로펠러를 돌려 대량의 공기를 뒤로 보내 그 반작용으로 앞으로 나가는 힘인 추력推力을 얻는다. 제트엔진은 엔진에서 만든 고온·고압의 연소가스를 고속으로 뒤로 보내 그 반작용으로 앞으로 나가는 힘인 추력을 얻는다.

착륙장치는 노즈랜딩기어 Nose Landing Gear, 앞 **착륙장치**와 메인랜딩기어 Main Landing Gear, 주 **착륙장치**로 구성된다. 착륙장치는 여객기를 지상에서 움직이게 하는 활주역할, 여객기가 착륙할 때 받는 충격무게를 흡수해주는 완충역할, 착륙할 때 브레이크의 역할을 한다.

통신장치와 항법장치

여객기가 안전하게 운항할 수 있도록 귀와 눈의 역할을 하는 것이 통신장치와 항법장치다. 통신장치는 비행 중 여객기와 지상의 항공교통관제기관과의 통신, 여객기 상호 간의 통신, 그 밖에 기상정보를 얻거나 기내방송에 필요한 통신이 있다. 항법장치는 운항 중의 여객기의 위치를 알려주는 역할을 한다. 항법장치에는 자동조종장치, 관성합법장치, 경보장치, 기록장치 등이 있다. 최근에는 위성통신이 발달하면서 여객기가 세계 어디에 있든 인공위성을 이용하여 스스로의 위치를 정확히 알 수 있는 위성항법장치 GPS가 사용되고 있다.

C2

최첨단 컴퓨터 시스템을 갖춘 여객기의 조종실

여객기는 동체의 맨 앞부분에 조종실이 있다. 조종실을 '콕핏 Cockpit'이라고 부른다. 이것은 선박의 조타석을 가리키는 선박용어에서 따온 것이다. 영어사전에 따르면 콕 Cock은 '닭', 핏 pit은 '울타리'를 뜻한다. 따라서 콕핏은 '닭싸움 장'을 가리킨다. 수탉이 닭싸움 할 때처럼 조종사가 여객기를 조종하면서 모든 신경을 집중해야 하는 장소가 조종실이라고 해서 붙여진 것이다. 여객기뿐만 아니라 우주비행선이나 로켓의 조종석도 '콕핏'이라고 부르며 여객기를 조종하는 운항승무원을 '콕핏 크루 Cockpit crew'라고 부른다.

최첨단 글라스콕핏

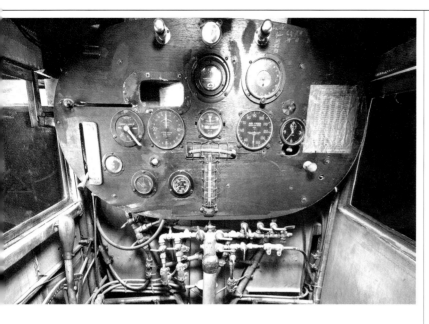

조종실의 탄생

항공 초기에는 지금처럼 객실과 분리된 조종실이 없었다. 여객기의 조종도 매우 원시적인 방법으로 했다. 최초로 대서양 단독 무착륙 횡단 비행에 성공한 찰스 린드버그는 단발기인 '세인트루이스 호'로 뉴욕을 출발하여 대서양을 33시간 비행해 파리에 도착했다. 그의 비행기에는 무선장치도 없었고 방향을 알 수 있는 자기컴퍼스와 연료 측정 장치만 있었다.

그 당시에 조종사는 산이나 하천이나 도로나 철길 같은 지상의 목표물을 직접 눈으로 보고 방향을 잡고 비행했다. 얼굴에 와 닿는 바람을 피부로 느껴 속도를 측정했다. 이러한 비행방식을 '목시비행 **目視飛行**'이라고 한다.

1910년대에 처음으로 군용기를 개조하여 승객을 수송했지만, 이때만 해도 조종석의 옆이나 뒤에 승객용 좌석이 있었다. 1920년대에 여객기가 개발되면서 객실과 분리된 조종실이 생겼다. 조종석 앞에 조종장치 외에 속도계, 고도계, 연료측정기 같은 기본적인 계기가 장착되었다.

조종실의 변화

19 30년대에 들어와 여객기의 속도가 빨라지면서 안전비행을 위해 조종실에 각종 계기가 개발되었다. 조종사 외에 부조종사, 엔진이나 각종 시스템을 감시하고 조작하는 항공기관사, 여객기의 위치나 진로를 판단해주는 항법사, 무선통신사에 이르기까지 다섯 명의 운항승무원으로 여객기를 운항했다.

1950년대에 제트여객기가 개발되고 1970년대에 대형화되면서 조종실은 엔진관계의 동력계기, 비행 상태를 알 수 있는 비행계기, 비행방향과 위치를 아는 데 필요한 항법계기가 장착되었다. B-747-100의 조종실에는 각종 계기가 132개, 스위치가 284개, 경보램프가 555개나 되었다. 비행방법도 조종사가 조종실에 설치되어 있는 계기를 보고 비행 상태를 파악하면서 비행하는 '계기비행 計器飛行'으로 바뀌었다.

복잡한 1980년대 이전의 조종실

자동조종장치의 발달

종래의 조종실에 비해 최신 조종실의 가장 큰 변화는 조종장치의 자동화다. 자동차의 핸들에 해당하는 조종간이나 가속기에 해당하는 엔진추력의 컨트롤장치, 순항 중에 자동으로 비행 상태를 유지해주는 자동조종장치, 각종 날개의 조작장치, 각종 항법 및 통신장치, 공중 충돌방지경보장치, 조종실 내의 대화를 기록해주는 음성기록장치, 그 밖에 고도계, 속도계, 기압계, 방향표시기, 항로표시기, 기상레이더가 모두 자동화되었다.

그 결과, 조종사가 자동조종장치의 스위치를 넣으면 자동조종으로 바뀌어 조종봉을 잡고 조종하지 않더라도 컴퓨터가 비행 상태를 파악하고 컴퓨터의 지령에 따라 여객기가 안전하게 운항할 수 있게 되었다.

이러한 자동조종장치의 핵심은 컴퓨터의 도입에 있다. 컴퓨터가 기억하는 비행 상태대로 여객기가 운항하지 않고 이탈하면 관련된 계기가 이탈상태를 알려주고 컴퓨터가 분석하여 원래의 비행 상태로 자동적으로 돌아가도록 해준다.

그렇다고 조종사의 구실이 완전히 없어진 것은 아니다. 조종사는 자동장치가 정확하게 작동하고 있는지를 각종 계기를 보면서 감시해야 한다. 자동조종장치가 고장 났을 때 자동적으로 수동조종장치로 바뀐다.

자동조종장치는 여객기의 자세를 안정시켜주고 올바른 비행방향으로 여객기를 비행하게 하고 여객기를 상승, 하강, 선회하는 역할도 하여 조종사를 도와준다. 자동조종의 역할을 해주는 것이 플라이트 컨트롤 컴퓨터Flight Control Computer(FCC)이다. 이 컴퓨터는 비행속도, 고도, 방향 등의 정보를 기초로 각종 시스템에 지시하여 여객기가 안전하게 비행하도록 해준다.

디지털화된 최신 조종실

19 80년대 이후 개발된 최신 제트여객기는 계기들이 모두 디지털화 되어 계기나 스위치 대신에 브라운관 디스플레이어나 액정 디스플레이로 바뀌었다. 또한 바늘로 표시되던 아날로그식 계기가 보기 쉽고 판단하기 쉬운 숫자로 정확하게 나타내는 디지털식 표시방법으로 바뀌었다.

마치 컴퓨터실처럼 생긴 이러한 조종실을 유리로 된 조종실이라는 뜻으로 '글라스 콕핏 Glass Cockpit'이라고 부른다. 미국의 우주탐사선에 도입된 시스템을 1982년에 보잉사의 B-767 여객기에 처음으로 도입했다.

'글라스 콕핏'의 기본 장비는 여객기의 자세, 속도, 고도 등에 대한 정보를 알려주는 전자비행계기시스템 PFD, 엔진의 상태를 비롯해 연료, 유압, 전기 등 여객기 내의 각종 기기나 시스템의

A-380의 디지털화된
조종실계기판

동작 상태를 알려주는 다기능 디스플레이 시스템EICAS, 아이카스, 그리고 여객기의 현재의 위치나 비행 코스 등의 항법정보를 알려주는 항법계기ND 등이 있다. 조종실은 조종사가 앉은 자리에서 비행에 필요한 모든 정보를 얻을 수 있게 되어 있다.

조종실의 계기들이 디지털식으로 바뀌면서 계기도 10분의 1로 줄었다. 여객기의 무선장치, 항법장치, 자동조종장치, 전원컨트롤장치, 엔진컨트롤장치에 최신 항공전자기술과 여객기의 운항에 필요한 각종 정보를 자동처리해주는 컴퓨터가 도입되면서 조종사의 작업량이 대폭 줄었다. 그 결과 통신사, 항법사, 항공기관사가 필요 없게 되었고 조종사와 부조종사만으로 여객기를 운항할 수 있게 되었다.

C3

계란껍데기처럼 얇은 여객기의 동체

기차나 버스는 동체가 직사각형에 단면이 네모인데 여객기의 동체는 원통형에 단면이 둥글다. 왜 여객기는 동체를 만들기 쉬운 직사각형으로 하지 않고 만들기 어려운 원통형으로 했을까? 항공 초기에는 여객기의 동체가 직사각형이었다. 아이들이 갖고 노는 연이나 모형 비행기처럼 나무 막대기를 엮어서 뼈대를 만들고 그 위에 두꺼운 천이나 나무판을 입혀서 만들었다. 1920년대에 처음으로 여객기를 개발했을 때만 해도 동체는 송전탑처럼 강철 파이프를 용접하여 틀을 짜서 뼈대를 만들고 그 위에 얇은 금속판을 입혔다. 이러한 동체구조를 '트러스 구조 Truss structure'라고 한다. 1930년대에 본격적으로 여객기가 개발되면서 동체는 둥근 유선형 구조로 바뀌었다.

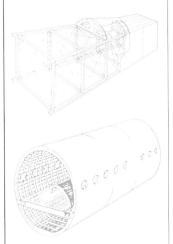

🔼 동체의 구조
트러스 구조(상)와
모노코크 구조(하)

🔽 세미 모노코크 구조의
여객기의 동체

유선형으로 만든 이유

둥근 유선형 구조로 바뀐 것은 원통형 동체가 직사각형 동체보다 공기의 저항을 작게 받고 객실 내의 기압을 골고루 받게 할 수 있기 때문이다. 동시에 단면을 둥글게 함으로써 동체의 무게를 줄이면서 부피를 크게 하여 더 많은 여객이나 화물을 실을 수 있는 이점이 있다.

10,000m 이상의 높은 하늘을 비행하는 여객기의 바깥은 기압이 지상의 4분의 1 정도로 매우 낮다. 이 때문에 여객기는 객실 내에 공기를 보내어 인위적으로 객실 내의 기압을 지상의 기압에 가깝도록 높여주고 있다.

이처럼 객실 내 기압을 높여주기 때문에 여객기는 바깥과 객실 내의 기압에 차가 생겨 동체는 안에서 바깥으로 1㎡에 6톤이나 되는 큰 힘을 받는다. 비행 중 여객기의 창이 깨지거나 동체의 벽에 구멍이 나면 공기가 밖으로 빠져나가면서 기내의 물품과 승객들도 함께 빨려 나가는 것이 바로 여객기 안팎의 기압차 때문이다.

여압으로 기내의 기압을 높여주면 풍선처럼 동체가 팽창한다. 동체가 팽창하는 기압을 견디기 위해서 그 힘을 동체가 골고루 받을 수 있도록 동체의 단면을 둥글게 만드는 것이다. 동체가 둥글지 않고 네모져 모퉁이가 있으면 그곳에 압력이 집중되기 때문에 더 튼튼하게 만들어야 하는데 그렇게 되면 여객기가 무거워져서 비행하는 데 기술적으로 문제가 된다.

동체는 여객기의 몸통으로 여객과 화물을 싣는 공간이다. 일반적으로 상하 2개층으로 구성되어 있으며 위층에 조종실과 객실, 아래층에 바퀴나 장비들을 넣는 공간과 화물실이 있다. 대형기인 B-747은 동체의 앞부분이 3개 층이고 최근에 개발된 초대형기인 A-380은 동체 전체가 3개 층으로 구성되어 있다.

달걀과 흡사한 동체구조

여객기의 동체는 알루미늄 합금으로 된 매우 얇은 외판外板으로 되어 있어 달걀처럼 속이 비어 있다. B-747의 경우 외판은 가장 얇은 부분이 그 두께가 1.6㎜밖에 안 된다. 그 외판 안쪽에 두께 1.5㎝의 방음 단열재가 있고 그 안에 다시 내장용 패널이 붙어 있다. 그렇지만 외부로부터 여객기의 동체에 가해지는 모든 무게나 힘을 견디는 것은 얇으면서도 튼튼한 동체의 외판이다.

동체의 이러한 구조를 모노코크 구조monocoque construction라고 한다. 모노는 그리스어로 하나라는 뜻이며 코크는 프랑스어로 달걀껍데기 같은 빈 껍데기라는 뜻이다. 우리말로는 조개껍데기 같은 구조라 해서 장각구조張殼構造, shell construction라고 부른다. 자동차도 여객기의 동체처럼 외판으로 된 모노코크 구조를 이루고 있다.

1912년에 프랑스가 나무로 모노코크 구조의 비행기 드프레뒤생을 처음으로 개발했다. 이어서 제1차 세계대전 때 독일은 '모노코크 구조'의 앨버트로스 전투기를 개발했다. 여객기는 1927년에 미국의 록히드사가 최초로 모노코크 구조의 여객기 베가를 개발했다.

여객기가 대형화되고 고속화되면서 더 가볍고 튼튼한 동체가 필요하게 되자 외판을 더 얇게 하고 그 대신에 수직 및 수평으로 뼈대를 사용하여 외판을 보강했다. 이처럼 안쪽 뼈대와 바깥쪽 껍데기가 서로 떠받쳐주는 동체구조를 세미모노코크 구조semi-monocoque construction라고 한다. 현대 여객기는 모두 세미모노코크 구조로 되어 있다.

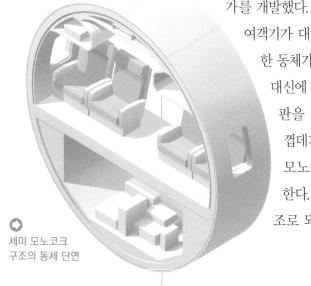

세미 모노코크
구조의 동체 단면

기체에 플라스틱 사용?

여객기는 강철 덩어리로 생각하기 쉽다. 그러나 실제로 기체에 강철이 사용되고 있는 것은 전체 무게의 15% 정도밖에 안 된다. 70%가 가벼우면서도 튼튼한 알루미늄 합금인 초초두랄루민 zinc duralumin으로 되어 있다. 두랄루민은 알루미늄에 구리, 마그네슘, 망간을 조금씩 섞은 합금으로 알루미늄보다 강도가 더 강하다. 나머지 15%가 티타니움 titanium합금이나 플라스틱이나 섬유소재로 만든 복합재료 composite materials로 되어 있다. 대표적인 복합재료는 주 날개와 동체의 바닥에 사용되고 있는 '유리섬유강화 플라스틱 GFRP'과 수평 및 수직 꼬리 날개에 사용되고 있는 '카본섬유강화 플라스틱 CFRP'이 있다. 최신 여객기에는 기체의 골조나 외판에도 복합재료가 많이 사용되고 있다. 카본섬유강화 복합재료의 이점은 여객기의 무게를 가볍게 할 수 있다는 점이지만, 그 밖에도 비금속이기 때문에 부식하지 않아 부식대책이 필요 없게 된다. 따라서 기내의 습도도 높일 수 있게 된다.

여객기는 일반적으로 약 20년 동안에 3만~6만 회 정도 안전하게 비행할 수 있게 만든다. 그렇지만 이를 보증하기 위해서 실제로는 6~12만 회를 비행해도 견딜 수 있도록 튼튼하게 만들어져 있다.

C4

가볍고 튼튼한
여객기의 의자

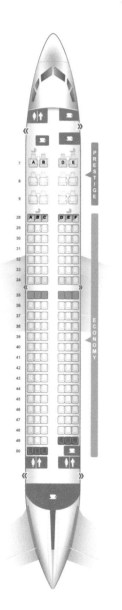

여객기의 승객용 좌석은 두 명이나 세 명이 함께 앉도록 만들어져 있다. 여객기의 좌석은 표면의 커버와 패브릭이라고 불리는 쿠션부, 그리고 골조로 된 구조부로 구성되어 있다. 구조부는 주체가 알루미늄 합금이지만, 아래 다리부분은 스테인리스로 되어 있어 매우 가벼우면서 튼튼하다. 각 클래스별로 의자의 크기와 쾌적성이 다르다. 특히 퍼스트와 비즈니스 클래스의 좌석은 침대처럼 눕혀지는 리크라이닝 의자로 퍼스트 클래스 의자는 180도, 비즈니스 클래스 의자는 139도까지 등받이를 눕힐 수 있다.

좌석의 팔걸이 **암레스트** 부분에 음악, 영화, 비디오, 텔레비전을 즐길 수 있는 컨트롤 박스, 그 밖에 음량조절 다이얼, 채널 셀렉터, 헤드폰 커넥터, 객실승무원 호출버튼, 독서등의 스위치, 좌석조정 스위치가 갖추어져 있다. 최근에는 좌석마다 액정화면의 개별 모니터를 갖춘 주문형 오디오비디오 시스템이 설치되어 있다. 이 시스템을 통해 여러 편의 영화, 각종 음악과 게임을 골라서 즐길 수 있다. 또한 좌석에 전원공급 콘센트와 USB포트가 있어 노트북도 사용할 수 있다.

객실 좌석의 배치

승객용 좌석의 안전벨트는 허리에 사용하는 2점식이다. 객실승무원용 좌석의 안전벨트는 자동차처럼 허리 외에 어깨까지 걸치는 3점식이다. 안전벨트의 역사는 매우 오래되었다. 1919년에 독일 융커스사가 개발한 최초의 여객기 F-13에 처음으로 도입되었다.

객실의 바닥에는 시트 트랙이라고 불리는 레일이 깔려 있어 자유로이 좌석 배치를 조정할 수 있다. 객실 좌석의 배치는 기종에 따라 다르며 또한 항공사에 따라 각 클래스별로 옆으로 배치되어 있는 좌석의 수와 앞뒤 간격**피치**이 다르다.

일반적으로 좌석의 앞뒤 간격은 퍼스트 클래스 100㎝, 이코노미 클래스 86㎝가 표준이었던 시대도 있었다. 그러나 최근에는 항공사들의 경쟁이 치열해지면서 간격이 더 길어지고 있다.

여객기의 좌석은 퍼스트를 F, 비즈니스를 B라고 부르지 않고 C, 이코노미를 E라고 부르지 않고 Y라고 부른다. 미국의 팬암 항공이 비즈니스 클래스를 클리퍼 클래스 Clipper Class라고 부르면서 유래됐고 이코노미 클래스는 Economy의 첫자 E로하면 퍼스트의 F보다 앞이 되므로 끝자 Y에서 딴 것이다

항공여행은 비행 중에 누워서 갈 수 있으면 그 이상 좋을 수가 없다. 1930년대에 더글러스사는 침대 전용 여객기 DC-2를 개발하여 미국의 국내선에 운항한 적이 있다. 최근에 경쟁이 심해지면서 퍼스트와 비즈니스 클래스에 일부 항공사들이 거의 침대나 다름없는 풀 플랫 시트 Full Flat Seat를 도입하고 있다. 이 의자는 등받이가 180도로 젖혀져 침대처럼 평평하다. 승객에게는 이러한 좌석이 바람직하지만, 항공사로서는 이런 좌석은 여객기의 공간을 많이 차지해 전체 좌석이 줄어들어 그만큼 경제성이 떨어진다.

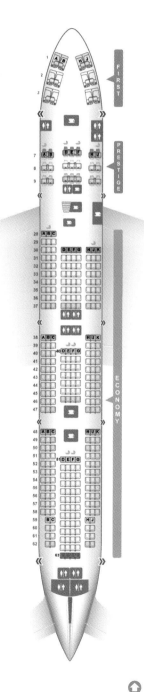

보잉 747-400(대한항공)의 배치도

쾌적하고 조용한 좌석

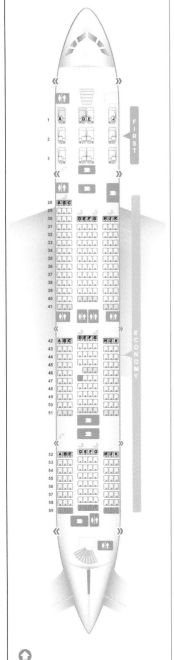

여 객기의 좌석 중에서 쾌적하고 조용한 좌석은 어느 좌석
일까? 비교적 조용한 좌석은 엔진이 있는 주 날개의 앞
쪽 부분의 좌석이다. 그래서 퍼스트나 비즈니스 클래스 객실이
동체의 앞쪽에 배치되어 있다. 반대로 소음이 심한 좌석은 엔진
에 가까운 주 날개 부근이나 사람들의 왕래가 잦은 화장실 부근,
그리고 기내식을 준비하고 서비스하기 위해서 객실승무원의 왕
래가 잦은 간이주방 부근이다. 주 날개 부근은 소음이 시끄럽지
만, 대신에 비교적 진동이 작은 장점이 있다. 난기류를 만났을 때
도 비교적 덜 흔들린다. 비행멀미가 심한 환자는 주 날개 부근의
좌석에 앉고 흔들림이 심한 객실의 뒷좌석은 피하는 것이 좋다.

앉고 싶어도 앉을 수 없는 좌석

객 실의 좌석 중에는 승객이 앉고 싶어도 앉을 수 없는 좌
석이 있다. 이코노미 클래스의 좌석 중에서 가장 인기가
높은 벌크헤드Bulkhead라고 불리는 좌석이다. 이 좌석은 스크린
이나 칸막이벽의 앞에 있는 좌석으로 의자 앞의 공간이 넓어 발
을 편하게 할 수 있다. 벌크헤드에는 누구나 앉을 수 없고 아기
를 동반한 승객에게 우선적으로 배정된다.
또한 인기가 있는 좌석은 아니지만, 편안한 좌석이 있다. 이그짓
로우Exit Row라고 불리는 비상구 좌석이다. 이 좌석은 여객기가
긴급 탈출해야 할 때 사용하는 비상구 가까이에 있어 앞의 공간
이 넓다. 이 좌석은 긴급 시에 객실승무원의 지시에 따라 비상구
를 열고 승객의 탈출을 도와줄 수 있는 승객에게만 배정된다. 따
라서 18세 미만의 승객이나 신체장애인 그리고 국제선 여객기에
서는 영어와 한국어를 함께 구사하지 않는 승객은 앉을 수 없다.

A-380(대한항공)의 아래층 배치도

창 쪽 혹은 통로 쪽, 어느 좌석?

바깥을 볼 수 있는 창 쪽 좌석과 이동하기 쉬운 통로 쪽 좌석중 어느 좌석에 앉는 것이 더 좋을까? 좌석마다 장단점이 있기 때문에 승객에 따라 다를 수밖에 없다.

창 쪽 좌석이 다소 아늑하고 창밖을 볼 수 있는 장점이 있지만, 여객기를 자주 이용하는 승객일수록 창 쪽보다는 통로 쪽을 선호하는 경향이 높다. 그 이유는 통로 쪽은 화장실에 가기 쉽고 이코노미 병을 예방하는 데 도움이 되고 여객기가 비상착륙했을 때 비상탈출하기 쉽기 때문이다.

항공회사별, 여객기의 기종별로 좌석배치와 어느 좌석에 앉는 것이 좋은지를 알려주는 인터넷 사이트가 있다. 사이트 이름이 'Seat Expert' www.seatexpert.com와 'Seatguru www.seatguru.com'다. 이 사이트들을 이용하면 좋은 좌석과 그렇지 않은 좌석을 쉽게 조회할 수 있다.

'Seat Expert' 사이트를 들어가 보면, 여객기의 좌석 수준을 매우 좋은 좌석 Above average, 보통 좌석 Average seat, 좋지 않은 좌석 Mixed reviews, 매우 나쁜 좌석 Below average, 경계해야 할 좌석 Beware의 다섯 가지로 분류하고 있다. 좋은 좌석은 초록색, 보통좌석은 흰색, 좋지 않은 좌석은 주황색, 매우 나쁜 좌석은 노란색, 경계해야 할 좌석은 빨간색으로 표시되어 있다. 사이트에 나와 있는 좌석에 마우스를 대면 그 좌석이 좋고 나쁜 이유를 상세하게 설명해주고 있어 많은 도움이 될 것이다.

여객기의 좌석은 사전에 지정할 수 있다. 다만 저렴한 할인항공권일 경우에는 항공사에 따라서 지정할 수 없을 수도 있다. 일반적으로 미국계 항공사는 할인항공권인 경우에도 좌석을 지정할 수 있다.

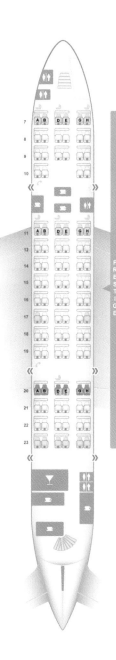

A-380(대한항공)의 윗층 배치도

거대한 동체에 비해
상대적으로 작은 주 날개

여객기에는 기체의 앞부분에 주 날개가 있고, 뒷부분에 꼬리 날개가 있다. 주 날개는 양력을 발생시켜 여객기가 하늘로 뜨게 하는 역할을 하고 꼬리 날개는 여객기의 균형을 유지하고 방향을 바꾸는 역할을 한다. 양력에 영향을 주는 것은 주 날개의 모양, 크기, 두께 및 길이 등이다. 그리고 여객기의 성능을 향상하기 위해서는 주 날개의 단면이 작은 저항으로 큰 양력을 얻을 수 있어야 한다. 그러기 위해 주 날개는 거대한 동체에 비해서 상대적으로 작은 것이 특징이다.

보잉기의 날개 조립장면

주 날개의 구조

주 날개의 내부 구조

제트여객기의 주 날개는 삼각날개三角翼를 가진 초음속여객기 콩코드를 제외하고는 모두 공기의 저항을 작게 하면서 효율적으로 양력을 얻기 위해 가늘고 긴 후퇴날개後退翼를 이루고 있다.

주 날개는 한 장의 큰 판자처럼 보이지만, 그 구조가 큰 판자에 여러 장의 작은 판이 붙어 있는 집합체를 이루고 있다. 따라서 주 날개는 상황에 따라 날개면적을 변화시켜 넓히기도 하고 좁히기도 한다.

주 날개의 단면은 둥그스름하다. 날개에는 동체로부터 좌우 양쪽으로 스파spar라고 불리는 세 개의 긴 판자가 뻗어 있다. 그리고 스파에 직각으로 리브Rib라고 불리는 작은 격자格子가 나와 있어 마치 문살처럼 보인다. 그 위를 동체처럼 알루미늄 합금으로 된 얇은 판으로 덮어 외형을 만들고 그 안을 뼈대로 보강한 세미모노코크Semi-Monocoque구조를 이루고 있다.

주 날개는 날개에 걸리는 큰 무게를 견딜 수 있도록 그 구조가 가볍고 튼튼하다. 비행 중 기류가 나쁠 때는 아래위로 주 날개가 최대 위로 8m, 아래로 5m까지 심하게 움직인다. 주 날개는 이러한 난기류를 견딜 수 있을 정도로 매우 유연한다. 주 날개의 이 유연함이 비행 중에 난기류와 같은 험한 기류를 만나도 날개에 걸리는 힘을 분산시킨다. 그리고 날개가 받는 충격을 줄여서 승객이 탑승하고 있는 동체가 덜 흔들리게 해준다. 또한 주 날개의 끝에 저항을 줄여주는 윙릿Winglet이라고 불리는 작은 수직날개가 있다.

고양력장치와 고항력장치

여객기는 비행할 때 양력과 항력이 동시에 발생한다. 여객기의 수송효율을 높이기 위해서는 양력을 크게 하고 항력을 작게 해야 한다. 큰 양력을 얻기 위해 주 날개를 크게 만들면 동시에 항력도 커져 여객기의 수송효율이 오히려 나빠진다. 이 때문에 여객기의 주 날개는 될 수 있는 대로 작게 만들고 대신에 플랩이라고 불리는 여러 개의 고양력장치를 장착하여 큰 양력을 효과적으로 얻고 있다.

플랩은 여객기가 이륙하거나 착륙할 때 펼쳐서 날개의 면적을 넓혀 큰 양력을 얻는 역할을 한다. 이처럼 여객기의 주 날개는 고양력장치인 플랩이나 고항력장치인 스포일러 등 작은 도움날개들의 도움을 받아 양력을 크게 하고 항력을 줄여 수송효율을 높이고 있다. 여객기의 좌석에서 내다보면 주 날개에 붙은 플랩 외에 날개 끝 방향에 플랩보다 더 작은 보조날개가 날개 위에 덧붙여 있다. 이것이 에일러론Aileron이다. 이 보조날개는 여객기의 자세를 왼쪽이나 오른쪽으로 낮출 때 쓴다.

새가 하늘로 날려고 하거나 앉으려고 할 때 날개를 크게 벌리기도 하고 좁히기도 하는 것을 볼 수 있다. 여객기도 이착륙할 때나 비행 중에 속도나 비행 상태에 따라 주 날개에 달려 있는 플랩이나 스포일러를 여러 모양으로 움직여 주 날개의 전체 면적을 넓히거나 좁혀 양력과 항력을 조절한다. 여객기가 이착륙할 때나 비행 중에 이 작은 판들의 움직임이나 날개 모양의 변화를 보면 재미있다.

주 날개는 그 구조가 항력이 적으면서 큰 양력을 얻도록 되어 있다. 주 날개는 작게 만들어 항력이 작게 발생하도록 한다. 그러나 주 날개가 작으면 늦은 속도로 비행할 때 양력이 작아지고 항력이 양력보다 커져 비행할 수 없게 된다.

그 대신에 주 날개가 작더라도 충분한 양력을 얻도록 플랩이라

주 날개의 플랩과
스포일러

고 불리는 고양력장치를 달아 도와주고 있다. 여객기가 이착륙할 때 주 날개에 달려 있는 작은 날개가 늘어났다 줄었다 하는 것을 볼 수 있다. 그것이 양력을 크게 발생하도록 도와주는 플랩이다. 플랩은 주 날개의 앞쪽 가장자리에 있는 앞 플랩과 날개의 뒤 가장자리에 있는 뒷 플랩이 있다. 플랩은 늦은 속도로 비행할 때는 펼치고 빠른 속도로 비행할 때는 줄어든다. 착륙할 때처럼 늦은 속도에서 양력을 크게 얻기 위해서는 뒷 플랩을 사용한다. 주 날개에는 양력을 줄이는 고항력장치인 스포일러가 달려 있다. 이 장치는 모양이 플랩과 비슷하지만, 플랩은 주 날개의 아랫면에, 스포일러는 주 날개의 윗면에 설치되어 있다. 착륙할 때 스포일러를 약간 위로 펼쳐 올리면 양력이 줄어들고 저항이 증가하여 여객기가 쉽게 착륙할 수 있도록 해준다. 착륙해서 바퀴가 활주로에 닿으면 바로 스포일러가 위로 크게 펼쳐 올라가서 양력을 줄이고 공기의 저항을 늘려 바퀴의 브레이크와 같은 효과를 발생시켜 활주거리를 단축시키는 공력 브레이크의 구실을 한다.

주 날개 끝에 달린
수직날개 윙릿

주 날개 끝의 꺾어진 작은 날개

비행 중에는 날개 끝에 아래에서 위로 올라가는 공기의 소용돌이가 생긴다. 이 소용돌이가 양력을 감소시킨다. 이 소용돌이를 줄이기 위해 날개 끝에 윙릿 Winglet이라고 불리는 작은 수직날개가 장착되어 있다. 이 윙릿으로 날개 끝에서 발생하는 유도저항을 대폭 감소시켜 상대적으로 양력을 크게 해주어 연비를 크게 개선해준다.

윙릿의 기본 원리는 날개 아래에서 날개 위로 올라가려고 하는 소용돌이 공기를 날개 쪽으로 올라오지 못하게 막는 일종의 방어벽이다. 윙릿의 크기는 B-747-400 기준으로 폭 3m, 높이 1.8m로 건장한 남자 키만 하다. 이 윙릿이 개발된 후 비행거리가 많이 늘어나게 되었다.

여객기의 꼬리 날개

꼬 리 날개는 여객기의 꼬리부분에 있는 작은 날개로 여객기가 안전하게 비행하도록 비행 중에 균형을 유지하고 방향을 바꾸는 역할을 해준다. 꼬리 날개는 수평꼬리 날개와 수직꼬리 날개로 구분된다. 수평꼬리 날개는 기수가 상하로 움직이는 피칭 pitching을 조종하고 안정과 균형을 확보해주는 구실을 한다. 수직꼬리 날개는 기수가 좌우로 움직이는 요잉 yawing을 조종하고 안정과 균형을 확보해주는 역할을 한다.

수평꼬리 날개에는 수평안정판과 승강키가 있으며 수직꼬리 날개에는 수직안정판과 방향키가 있다. 수평안정판은 여객기를 안정시키는 역할을 하며 클수록 안정성이 높다. 수직안정판과 좌우로 움직이는 방향키는 여객기의 방향 균형과 조종 및 안정성을 유지하는 역할을 한다.

⬆
수평익과
수직익으로 이루어진
여객기의 꼬리날개

쉴 새 없이 뛰는
여객기의 심장

거대한 여객기가 하늘 높이 떠서 먼 거리를 빠른 속도로 비행할 수 있는 것은 강력한 힘을 가진 동력장치^엔진가 있기 때문이다. 여객기의 엔진에는 프로펠러를 회전하여 힘을 얻는 피스톤엔진과 고온고압의 가스를 내뿜어 그 반동으로 힘을 얻는 제트엔진이 있다. 프로펠러 여객기든 제트여객기든 여객기의 엔진은 압축된 공기에 연료를 섞어 태워 발생한 에너지를 추진력으로 바꾼다는 점에서 그 원리가 같다. 피스톤엔진은 레시프로 엔진, 제트엔진은 가스터빈 엔진이라고도 한다. 여객기의 크기나 속도나 비행거리는 엔진의 힘이 얼마나 강하냐에 따라 결정된다. 엔진의 추력은 일반적으로 마력^{馬力}이라는 단위로 표시한다. 말 한 마리가 끄는 힘에 비유한 단위로 정확히는 1마력은 746와트의 전력에 해당한다. 이를 환산하면 1초에 75kg의 물체를 들어 올리는 힘과 같다.

피스톤엔진의 개발

인류 역사상 처음으로 개발된 동력장치는 18세기 중엽 영국의 제임스 와트가 발명한 증기기관이다. 19세기에 이 증기기관을 이용하여 영국의 헨슨이 비행기를 개발했다. 그러나 증기기관은 무겁고 부피가 커서 항공용 엔진으로는 적합하지 않아 비행하는 데 실패했다. 그 뒤 1867년에 독일의 오토가 발명한 가솔린엔진을 이용하여 1903년 미국의 라이트 형제가 최초의 동력비행에 성공했다.

여객기의 피스톤엔진은 자동차의 엔진과 같다. 이 엔진은 실린더라고 불리는 원통에서 압축된 공기에 연료를 섞어 태워 그 폭발력으로 힘을 얻는다. 그 힘으로 프로펠러를 회전시켜 공기를 뒤로 밀어 앞으로 나가는 힘을 얻는다.

그러나 피스톤엔진은 아무리 발달하더라도 낼 수 있는 힘에 한계가 있다. 따라서 프로펠러 여객기는 시속 750㎞ 이상 속도를 낼 수 없고, 승객도 100명 이상을 태울 수 없다. 이러한 한계를 극복해 여객기의 성능을 크게 향상시키기 위해 개발된 것이 제트엔진이다.

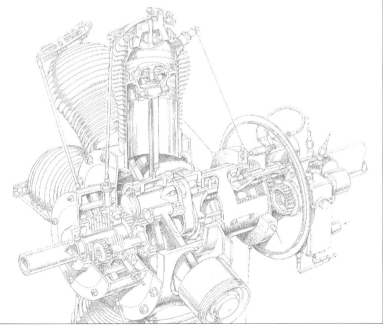

○ 피스톤엔진의 구조

제트엔진의 개발

제트엔진은 공기를 흡수하여 압축한 다음에 연료를 섞어 태워서 생긴 고압·고온의 가스를 뒤로 내뿜어 그 반작용으로 앞으로 나가는 힘을 얻는다. 제트엔진은 피스톤엔진처럼 왕복운동을 하지 않고 회전운동만 하여 추력을 얻기 때문에 그 구조가 간단하고 진동이 작은 것이 특징이다. 풍선의 입구를 묶지 않고 손을 놓으면 공기를 뿜어내면서 날아가는 것과 같은 원리다. 시속 55㎞의 빠른 속도로 이동하는 오징어가 흡입구로 흡수한 바닷물을 수축하여 고압으로 뒤로 배출하여 이동하는 것도 이 제트원리를 이용한 것이다.

프로펠러를 사용하지 않고 비행할 수 있는 추진식 엔진인 제트엔진을 개발한 사람은 1930년 당시 영국의 공군 장교였던 프랭크 휘틀이었다. 이 제트엔진을 장착한 군용기가 1944년에 독일이 만든 제트전투기였다. 그리고 이 제트엔진을 이용한 제트여객기가 제2차 세계대전이 끝난 직후인 1950년대 초에 영국에서 개발되었다. 초기에는 터보제트엔진을 사용했다. 그 뒤 대형기인 B-747에는 터보제트엔진의 흡입구에 팬을 달아 회전시켜 공기를 압축하면서 흡입하여 더 큰 힘을 내는 터보팬 제트엔진을 개발하여 사용했다. 이 엔진은 매우 가벼우면서 큰 추력을 낼 수 있고 고급 가솔린 대신에 등유를 사용하는 것이 특징이다. 최신 여객기인 B-777이나 A-380은 바이패스 비比가 높은 슈퍼팬 제트엔진을 사용하고 있다. 바이패스 비가 높다는 것은 흡입된 공기 중에서 엔진에서 타지 않고 바깥으로 나가는 공기가 타는 공기보다 더 많다는 뜻이다.

제트엔진의 구조와 힘

대형기인 B-747은 엔진의 크기가 길이 3.5m, 직경 2.5m, 무게가 4.5톤이며 초대형기인 A-380의 경우는 길이 5m, 직경 3m, 무게 7톤이나 된다.

제트엔진은 압축기, 연소실, 터빈, 배기통으로 구성되어 있다. 엔진 입구로 들어온 공기는 압축기에서 압축된 다음에 연소실로 간다. 연소실에서는 압축공기에 연료**케로신**를 섞어 연소시켜 얻은 고온·고압가스를 가스터빈을 통해 더욱 고속화하여 배기통을 통해 뿜어낸다. 그 반동으로 여객기가 앞으로 나가는 추력을 얻는다.

제트엔진이 분출하는 제트의 힘은 대형 여객기인 B-747의 경우 엔진 한 대당 2만 5,000파운드로 배기량 2,000cc의 승용차 652대가 내는 힘과 같다. 네 대의 엔진을 합치면 10만 파운드의 추력을 낸다. 최신 여객기인 B-777은 엔진 하나가 9만 파운드의 추력을 낼 수 있어 두 개의 엔진으로 네 개의 엔진을 가진 B-747과 같은 추력을 낸다.

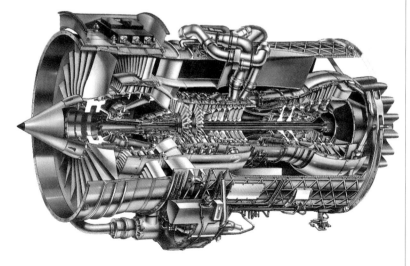

제트엔진의 구조

비행 중 엔진이 정지하면

여객기는 이착륙할 때 엔진 중 하나가 정지해도 남은 엔진만으로 안전하게 이착륙하도록 되어 있다. 그뿐 아니라 비행 중 엔진 하나가 정지하더라도 남은 엔진만으로 비행하여 가까운 공항에 안전하게 비상착륙할 수 있다.

만일 비행 중 엔진이 모두 정지해버리면 어떻게 될까? 극히 드문 사례지만, 여객기에 탑재한 연료계산이 틀려 비행 중에 연료가 떨어지는 인적 잘못이나 화산의 분화로 화산재가 엔진에 들어간 자연재해 때문에 엔진이 모두 멎어버린 적이 있다.

1982년에 인도네시아 자바 섬의 가룽궁 화산이 폭발하여 영국항공 B-747의 엔진에 화산재가 들어가 비행 중 엔진이 모두 정지해버린 사태가 발생했다. 급강하한 이 여객기는 7,500m 상공에서 깨끗한 공기를 흡수하면서 다행히 두 개의 엔진이 재가동되어 가까운 공항에 비상착륙하여 승객은 모두 무사했다.

비행 중 엔진이 모두 멎어버려도 여객기가 바로 추락하지 않는다. 여객기는 엔진 없는 글라이드가 되어 일정한 거리를 활공하여 가까운 공항에 긴급 착륙한다. 쌍발 제트여객기의 경우 비행 중 한 개의 엔진이 꺼졌을 때 나머지 한 개의 엔진만으로 180분 이내에 도착할 수 있는 대체공항이 있는 항공로를 운항한다.

엔진의 시동

여객기의 엔진은 자동차처럼 열쇠를 돌려 시동하지 않고 보조동력장치인 보조엔진이 만든 압축공기로 시동한다. 보조엔진장치는 동체의 뒤쪽에 있다. 주기장에 머물고 있을 때 여객기에 필요한 전기는 연료 소비, 일산화탄소 배출, 소음을 고려하여 보조엔진을 사용하지 않고 지상보조장치를 사용한다.

새와의 충돌

버드 스트라이크

새들의 천국이었던 하늘에 고속으로 비행하는 여객기가 나타났기 때문에 새와 여객기의 충돌은 당연한 결과인지도 모른다. 제트엔진의 입구는 직경이 3m나 되기 때문에 비행 중에 새 외에도 빗물, 활주로에 떨어져 있던 쇠붙이, 사막에서의 모래, 화산재 등이 들어가 엔진을 망가트리는 경우가 발생한다. 이 중에서 가장 골치거리는 새다. 새는 비행 중에 조종실의 창에 부딪히는 경우도 자주 발생한다. 다행히 조종실의 창은 여러 겹으로 되어 있어 버드 스트라이크를 만나더라도 안전성에는 별 문제가 없다.

엔진제조회사는 엔진의 강도를 테스트하는 데 새를 이용한다. 무게 85g의 새를 최대 16마리까지 최대 추력으로 작동하고 있는 엔진에 흡입시킨다. 이 상태에서 추력의 25%가 감소하거나 엔진이 정지해서는 안 된다.

여객기의 바퀴는
몇 개나 달려 있을까?

여객기는 엔진과 날개만 있으면 하늘을 날아다닐 수 있다. 그러나 여객기가 이착륙하거나 지상에서 이동하거나 주기장에서 서 있기 위해서는 여객기를 떠받쳐줄 다리가 필요하다. 그것이 여객기의 착륙장치Landing Gear다. 여객기의 착륙장치는 바퀴와 기체를 떠받쳐주는 지지대로 되어 있다. 이 착륙장치는 여객기가 이착륙할 때 활주로를 달리는 활주 역할, 착륙할 때 받는 충격을 흡수해주는 완충 역할, 지상에서 이동 때 방향을 바꿔주는 방향조종 역할, 그리고 속도를 줄이거나 정지하는 브레이크 역할을 한다.

여객기 타이어는 안전운항에 있어 매우 중요한 구실을 하고 있을 뿐만 아니라 첨단기술에 의해 지속적으로 연구 개발되면서 타이어 자체의 성능이 향상되고 있고 무게도 가벼워져서 항속거리 향상을 비롯해 여객기 전체 성능 향상에 크게 기여하고 있다.

착륙장치는 어디에 몇 개가 있을까?

제트여객기의 경우 소형기나 중형기에는 동체의 앞부분에 한 개의 노즈기어Nose Gear/앞 **착륙장치**와 동체의 무게중심 보다 약간 뒤에 두 개의 메인기어Main Gear/주 **착륙장치**가 좌우에 한 개씩 있고, 대형기에는 한 개의 노즈기어와 네 개의 메인기어 가 장착되어 있다. 각 착륙장치에는 바퀴가 두 개씩 달려 있지 만, B-747과 같은 대형기에는 바퀴가 네 개씩 그리고 최신기인 B-777이나 A-380에는 바퀴가 여섯 개씩 달려 있다. 따라서 대형 기인 B-747에는 다섯 개의 다리와 18개의 바퀴, 최신 여객기인 B-777에는 세 개의 다리와 14개의 바퀴, 초대형기인 A-380에는 다섯 개의 다리와 22개의 바퀴가 달려 있다.

여객기의 착륙장치는 매우 튼튼하다. 특히 착륙장치의 축은 여 객기가 추락했을 때도 부러지지 않고 그대로 유지될 정도로 튼 튼하다. 그리고 메인기어의 지지대 **착륙다리**에 장비되어 있는 완충 장치와 바퀴는 여객기가 착륙할 때 받는 충격무게나 지상을 활 주할 때 받는 진동무게를 전부 흡수하여 기체구조에 나쁜 영향 을 미치지 않도록 해준다. 완충장치는 착륙할 때 여객기의 착륙 장치가 받는 충격을 흡수하여 줄어들었다가 충격이 없어지면 다 시 늘어나는 피스톤 식으로 되어 있다.

의외로 작은 여객기의 바퀴

네개로 구성된 바퀴의 구조

여객기의 바퀴는 자동차 바퀴처럼 휠과 타이어로 구성되어 있다. 자동차와 비교할 때 여객기의 무게나 크기에 비해 여객기의 바퀴는 상대적으로 작다. 대형기인 B-747의 경우 바퀴의 실제 높이는 대형 덤프트럭 바퀴의 크기로 직경이 약 1.25m, 폭이 0.5m이고 바퀴 한 개의 무게는 180㎏이다. 승객, 화물, 연료를 가득 실은 B-747의 총무게는 350~400톤으로 자동차 무게와 비교하면 수백 배가 되어 여객기의 바퀴 하나가 감당하는 무게가 25~30톤에 이른다. 이것은 대형 트레일러 한 대분의 무게와 같다. 더욱이 여객기는 비행 중에 상공에서는 기온이 -50℃ 이하로 내려가고 지상에서는 브레이크 열까지 더하면 섭씨 150도 이상으로 올라간다. 이것을 견딜 수 있도록 여객기의 바퀴는 작지만 튼튼하다.

여객기의 바퀴는 튜브가 없는 튜브리스타이어를 사용한다. 타이어에 걸리는 무게와 충격을 견딜 수 있는 천연고무나 나일론 같은 접착성이 강하고 열을 잘 발산하는 특수재료를 사용한다. 이착륙 때 마찰열로 화재가 나지 않도록 타이어에는 산소가 포함되어 있는 공기를 넣지 않고 그 대신에 질소가스가 들어 있다. 타이어 내의 공기압은 1㎠에 14.3㎏으로 자동차 타이어 공기압의 거의 여덟 배나 된다. 최신 여객기는 타이어 내의 압력을 측정해 조종사에게 알려주는 타이어 압력 표시장치가 갖추어져 있다.

착륙할 때 충격을 흡수하도록 되어있는 여객기의 다리구조

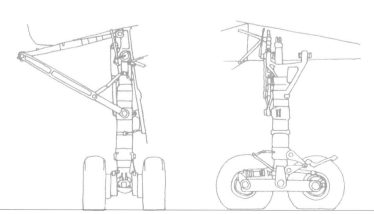

타이어의 수명과 가격은?

여객기는 무거울 뿐만 아니라 빠른 속도로 착륙하기 때문에 타이어는 이착륙을 반복하면서 심하게 마모될 수밖에 없다. 여객기 타이어의 수명은 얼마나 될까? 여객기의 타이어는 250회 정도 착륙하면 교환한다.

마모된 타이어는 표면의 고무를 벗겨내고 새 고무로 갈아 끼워 재생하여 다시 사용한다. 타이어의 재생은 5~6회 정도 할 수 있으므로 재생한 것까지 포함하면 한 개의 타이어로 1,500번 정도 사용한다.

최신기인 B-777에서는 열이 덜 나고 마모가 잘 안 되어 350회까지 사용할 수 있는 래디얼 타이어를 사용하고 있다.

착륙장치는 특수한 기능과 강도를 유지하기 위해 특수한 재질로 만든데다가 그 소모량도 많지 않기 때문에 가격이 비쌀 수밖에 없다. 여객기의 여러 장비 중에서 엔진 다음으로 비싼 것이 착륙장치다. B-747의 경우 휠을 제외한 타이어 가격이 개당 약 1,200달러, B-777의 경우 약 1,300달러, A-380의 경우 1,600달러 수준이다. 따라서 18개의 타이어가 장비되어 있는 B-747 한 대에 사용된 타이어의 가격은 모두 합쳐서 2만 달러가 넘는다

여객기가 뒤로 못 가는 이유?

여객기는 앞으로만 가고 스스로의 힘으로 뒤로는 못 간다. 지상에서 여객기가 뒤로 가야 할 때는 토잉카**견인차**를 이용한다. 여객기의 바퀴는 자동차처럼 바퀴 자체가 구르는 힘이 없다. 여객기가 고온·고압가스**제트**를 뒤로 내뿜어 그 반동**반작용**으로 앞으로 나가면 여객기의 바퀴는 그저 땅에서 여객기가 자유롭게 굴러가도록 하는 역할만 하기 때문이다.

삼중으로 된
여객기의 브레이크 시스템

음속에 가까운 빠른 속도로 하늘을 비행하는 여객기는 목적지 공항의 활주로에 내리면 활주로가 제한되어 있어 속도를 단숨에 줄이고 정지해야 한다. 그렇게 하기 위해서 여객기는 삼중으로 된 강력한 브레이크 시스템을 갖추고 있다. 여객기가 착륙할 때의 속도는 시속 200~250km나 되고 대형기인 B-747의 경우 무게가 250톤이나 된다. 그리고 착륙한 후에 여객기는 길이가 2,000~3,500m로 한정되어 있는 활주로에서 불과 몇십 초밖에 안 되는 짧은 시간에 속도를 시속 10km로 줄이고 정지한다.

여객기의 브레이크 시스템은 바퀴에 장착되어 있는 '기계 브레이크'인 디스크 브레이크, 날개에 장착되어 있는 '에어 브레이크'인 스포일러, 그리고 엔진에 장착되어 있는 '엔진 브레이크'인 역분사장치逆噴射裝置 등 세 가지 브레이크가 동시에 작동하여 여객기를 급정지시킨다. 이 중 주동적 역할을 하는 것은 디스크 브레이크이며 스포일러와 역분사장치는 보조적 역할을 한다.

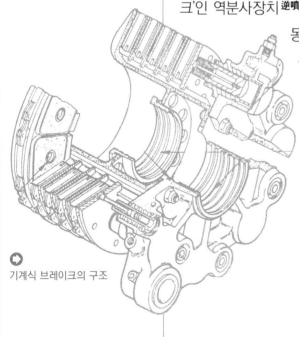

🔵 기계식 브레이크의 구조

기계 브레이크

바퀴와 기계 브레이크

기계 브레이크는 주 착륙장치의 바퀴에 있다. 이 브레이크는 기본적으로는 자동차와 같은 디스크 브레이크Disc Brake다. 이 브레이크의 기본원리는 움직이는 물체의 운동에너지를 마찰에 의해 열에너지로 바꾸어 공중으로 발산시켜 물체의 움직임을 멈추게 하는 것이다. 다만 자동차의 바퀴는 디스크가 한 장뿐이지만, 여객기 바퀴의 중심부에는 십여 장의 디스크가 있어 그만큼 제동력이 높다. 이 디스크에는 타이어와 함께 회전하는 디스크와 회전하지 않고 고정되어 있는 디스크가 섞여 있다. 조종석에서 브레이크 페달을 밟으면 유압의 힘으로 원반전체가 압축돼 원반의 회전속도가 억제되어 브레이크가 걸리게 된다. 여객기의 디스크 브레이크는 열에 잘 견디고 억제하는 힘이 강한 카본으로 만들었다. 여객기도 자동차처럼 정지할 때는 바퀴가 땅에 닿으면 그 바퀴와 지면의 마찰력을 이용하여 정지한다. 최근에는 기술혁신으로 여객기의 착륙활주로를 단축하고, 지상 주행속도를 자동으로 컨트롤할 수 있는 자동 브레이크 시스템으로 바뀌었다.

에어 브레이크

여객기의 에어 브레이크는 공기 저항력을 이용해 감속하는 형태의 브레이크^{Air Brake}이다. 스피드 브레이크^{Speed Brake}라고도 불린다. 주 날개에 장착되어 있는 스포일러가 비행 중에 작은 판을 약간 위로 세워 공기저항을 증가시켜 비행속도와 양력을 줄여 여객기의 고도를 낮추는 역할을 한다.

그러나 스포일러는 여객기가 활주로에 착륙한 후에는 브레이크 역할을 한다. 날개 면에 직각이 되도록 더 높이 올려 주 날개의 양력을 더 크게 줄여 바퀴에 걸리는 땅에 닿는 힘을 증대시켜 속도를 줄인다. 에어 브레이크는 활주로가 비가 와서 젖어있거나 눈이 와서 얼었을 때 크게 도움이 된다.

착륙할때 에어 브레이크인
스포일러를 올린 모습

엔진 브레이크

제트여객기의 바퀴가 활주로에 닿으면 바로 여객기의 속도를 급속히 감속시켜야 한다. 여객기가 활주로에 닿자마자 요란하게 엔진 소리가 나는 것을 기내에서도 들을 수 있다. '엔진 브레이크'가 작동하기 때문에 나는 소리다.

'엔진 브레이크'는 엔진에 장착되어 있는 역분사장치 Reverse Thrust System를 이용하여 제트엔진이 뒤로 뿜어내던 추력을 앞으로나 옆으로 바꿔 반대방향으로 뿜어내어 역분사 逆噴射함으로써 브레이크 역할을 하는 것이다. 프로펠러 여객기의 경우에는 프로펠러의 각도를 바꿔서 앞쪽으로 바람이 가도록 한다. 이 브레이크는 눈이나 비가 와서 활주로의 노면 상태가 나쁠 때 위력을 발휘한다.

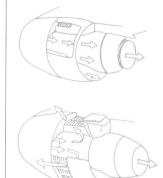

위는 추력을 분사
아래는 역분사

자동으로 작동하는 브레이크

여객기가 활주로에 닿으면 바로 세 브레이크를 동시에 모두 사용하여 속도를 단숨에 줄이고 정지한다. 이 세 브레이크를 조종사 혼자 조작하려면 정신없이 바쁠 것 같지만, 실제로는 바퀴가 활주로에 닿으면 바로 디스크 브레이크와 스포일러가 자동적으로 작동하도록 되어 있다. 조종사는 제트엔진의 역분사장치만 조작하면 된다.

활주로에 착륙해 세 브레이크 시스템을 모두 작동하고 나면 조종사는 여객기가 활주로 밖으로 나가지 않도록 주의하면서 감속만 하면 된다. 착륙 후 시속 100㎞ 이하로 여객기의 속도가 줄어들면 역분사장치를 꺼버리고 바퀴의 디스크 브레이크와 스포일러만으로 제동한다.

C9

현재 운항하고 있는 여객기들

항공사는 운임이나 서비스 외에 사용기종으로도 경쟁하고 있다. 1950년대에 제트여객기 시대에 들어와서 미국의 팬암 항공PAA은 보잉사의 B-707, 노스웨스트 항공NWA은 더글러스사의 DC-8, 영국해외항공BOAC은 코멧, 에어프랑스AF는 수드 카라벨, 구소련의 아에로플로트항공은 일류신 II-62 등 자국이 개발한 제트여객기로 경쟁을 했다. 그러나 기술을 혁신하고 경제성이 우수한 새로운 여객기를 개발하는 데 거대한 개발비가 소요되고 최소 100대 이상을 생산하지 않으면 개발비를 보전할 수 없다. 그러다 보니 여객기의 메이커들이 차례로 탈락하고 현재는 100석 이상의 제트여객기를 미국의 보잉사와 유럽연합EU의 에어버스사 2개사만이 제조하고 있다. 현재 세계 여객기 시장의 67%를 보잉사가, 33%를 에어버스사가 점유하고 있다. 현재 운항하고 있는 여객기는 연료효율이 높아 경제성이 매우 우수하고 엔진의 신뢰성이 높아 안전성이 크게 향상되었으며 조종시스템이 컴퓨터화·디지털화된 '제4세대 제트여객기'들이다.

제트여객기 점유율

33%

67%

● 보잉   ● 에어버스

보잉사의 여객기들

백년의 역사를 가진 세계 최대의 방위·항공우주기업인 보잉사 The Boeing Company는 미국 유일의 대형 여객기 제조회사로 유럽의 에어버스사와 세계 여객기 시장을 양분하고 있다. 보잉사는 제2차 대전 중에 대형 폭격기 B-17과 B-29를 개발 생산했다. 대전 후에는 세계 최초의 제트 폭격기 B-47과 B-52를 만들기도 했다. 민간 제트여객기는 중형 장거리용 제트여객기 B-707을 시작으로 중형 중·단거리용 B-727에 이어 대형기인 B-747을 상용화 시켰다.

보잉사가 개발하여 현재 운항되고 있는 대표적인 제트여객기로 장거리 대형기인 B-747-400, 장거리 중형기인 B-787, B-777, 중거리 중형기인 B-767, 단거리 소형기인 B-737 등이 있다.

기종	B-787 800	B-777 300	B-767 300	B-747 400	B-737 800
폭(m)	58.8	60.9	47.6	64.9	28.9
길이(m)	55.5	63.7	54.9	70.7	33.6
엔진(개)	2	2	2	4	2
이륙중량(t)	249	230	143	394	63
순항속도(㎞/h)	903	905	880	912	790
항속거리(㎞)	12,429	12,538	5,300	13,700	5,000
최대좌석(석)	290	360	290	550	195

B-747 1969년에 첫 취항하여 대량수송시대를 연 B-747은 4발의 대형 장거리용 제트여객기다. 객실의 일부가 2개 층이고 객실 내 통로가 두 개인 와이드바디기로 이코노미 클래스의 표준좌석 배치가 3-4-3에 최대 좌석이 550석이다. 기본형 B-747-100 외에 파생형으로는 항속거리를 연장한 -200, 동체를 연장한 -300, 새로운 기술을 도입한 하이테크기 -400, 최신 파생형인 -8이 있다. 지금까지 1,200대 이상을 생산한 스테디셀러 여객기 중 하나이다.

현재 운항하고 있는 B-747-400은 최신의 전자항공기술**전산화와 디지털화**의 도입으로 조종사와 부조종사 두 명만으로 조종할 수 있도록 조종시스템이 개혁되었고 최신 엔진의 사용으로 경제성과 안전성이 크게 향상되었다. 그 밖에 연장수직날개인 윙릿의 역할로 공기저항이 감소해 항속성능이 크게 향상되어 서울-뉴욕 등의 장거리를 직행할 수 있다.

B-787　2009년에 첫 취항한 쌍발 중형의 장거리 제트여객기인 보잉 B-787은 기본형인 B-787-3 외에 파생형으로 동체를 연장한 -9와 -10이 있다. 객실 내 통로가 두 개인 세미와이드바디기로 이코노미 클래스의 좌석 배치가 2-4-2에 최대 좌석이 290석이다. 이 여객기의 특징은 지금까지 장거리 대형기가 아니면 비행할 수 없었던 장거리를 직행할 수 있는 긴 항속거리와 복합재료의 적극적인 사용에 의한 기체무게의 경량화, B-767보다 20% 향상된 연비 등이 있다.

B-777　1997년에 첫 취항한 쌍발 장거리용의 B-777은 쌍발기로서 길이가 가장 긴 제트여객기다. 기본형인 B-777-200 외에 파생형으로 동체가 가장 긴 -300이 있다. 객실 내 통로가 두 개인 세미와이드바디기로 이코노미 클래스의 좌석 배치가 2-5-2에 최대 좌석 360석으로 가장 큰 쌍발기다. 이 여객기의 특징은 액정패널을 채용한 조종실, 플라이 바이 와이어FBW를 채용한 조종시스템, 우수한 항속성능과 경제성 등이 있다.

B-767 1967년에 첫 취항한 쌍발 중형의 장거리 제트여객기인 보잉 B-767은 기본형인 B-767-200 외에 파생형으로 동체를 연장한 -300, 항속거리를 연장한 -400ER이 있다. 객실 내 통로가 두 개인 세미와이드바디기로 이코노미 클래스의 표준좌석 배치가 2-3-2에 최대 좌석이 290석이다. 이 여객기의 특징은 저소음, 저연비, 운항시스템의 일렉트로닉화와 자동조종기능의 강화 등이 있다.

B-737 1967년에 첫 취항한 쌍발 중·단거리형의 제트여객기인 B-737은 지금까지 3,500기 이상 생산된 베스트셀러 여객기다. 기본형인 B-737-100 외에 파생형으로 1980년대에 근대화된 -300과 -400, 조종실을 전자화한 -500, 새로운 조종시스템인 플라이 바이 와이어를 도입한 -600, 최근에 등장한 동체를 연장한 -700, -800, -900 등이 있다. 객실 내에 통로가 하나인 내로우바디기로 이코노미 클래스의 표준좌석 배치가 3-3에 최대 좌석이 195석이다. 국내외 저가항공사들의 주력기이기도 하다.

에어버스사의 여객기들

보잉사와 함께 세계 2대 제트여객기의 메이커인 에어버스사가 개발하여 현재 운항하고 있는 대표적인 제트여객기로는 최신의 장거리 초대형기 A-380, 장거리 중형기 A-330, 중거리 중형기 A-300-600R, 단거리기 A-320이 있다. 에어버스사는 조종실은 프랑스, 동체는 독일, 주 날개는 영국, 꼬리 날개는 스페인이 만드는 여객기의 공동메이커다.

유럽의 주요도시를 경제적으로 운항하는 쌍발의 중단거리 제트여객기를 기본구상으로 시작한 에어버스는 1972년에 쌍발에 기내에 통로가 두 개인 중단거리 와이드보디기인 최초의 여객기 A-300을 개발했다. 그 이후 중단거리용과 장거리용 여객기를 개발하여 보잉사와 경쟁하고 있다.

기종	A-380⁸⁰⁰	A-340⁶⁰⁰	A-330³⁰⁰	A-320²⁰⁰	A-300⁶⁰⁰ᴿ
폭(m)	79.8	63.4	60.3	34.1	44.8
길이(m)	72.7	75.3	63.7	37.6	54.1
엔진(개)	4	4	2	2	2
이륙중량(t)	575	368	242	78	78
순항속도(㎞/h)	912	881	871	828	833
항속거리(㎞)	13,473	12,500	12,527	12,000	7,540
최대좌석(석)	850	440	375	180	375

A-380 2007년에 첫 취항한 '하늘의 궁전'이라는 애칭을 가진 4발의 초대형 여객기 A-380은 세계에서 가장 큰 여객기다. 객실 전체가 2개 층이며 객실면적이 B-747의 1.35배나 된다. 이코노미 클래스의 표준좌석 배치가 3-4-3에 최대 좌석이 850석이다. '글라스 콕핏'의 조종실, 연료 효율이 747-400보다 20%가 낮은 우수한 경제성, 친환경, 첨단 복합 소재의 사용 등이 특징이다.

A-340 1987년 첫 취항한 4발 중형의 장거리 제트여객기인 A- 340은 기본형인 A-340-200 외에 파생형으로 동체를 연장한 -300, 항속거리를 연장한 -500, 동체를 더 연장한 -600이 있다. 객실 내 통로가 두 개인 와이드바디기로 최대 좌석이 440석이다.

A-330 1992년에 첫 취항한 A-330은 쌍발의 대형 장거리용의 와이드바디 여객기로 A-330은 동체가 짧은 기본형인 -200과 동체를 연장한 -300이 있다. 표준좌석 배치가 3-4-3에 최대 좌석이 375석이다. 플라이 바이 와이어의 조종 시스템의 채용, 윙릿의 장착으로 저항 감소와 양력의 효율적 향상 등이 특징이다.

A-320 1987년에 첫 비행한 쌍발 단거리 내로우바디 여객기인 A-320은 보잉사의 B-737에 대항하기 위해 개발한 제4세대 제트 여객기에 속하는 하이테크기다. 기본형의 320 **150석**과 파생형으로 동체를 약 4m 단축한 A-319 **120석** 및 약 7m 연장한 A-321 **195석**이 있다. 생산대수 1,400대가 넘는 스테디셀러 여객기 중의 하나다. A-320은 민간기에 최초로 조종봉의 움직임을 전기신호로 바꾼 플라이 바이 와이어의 도입, 사이드 스틱의 채용, 디지털화된 여섯 개의 CRT디스플레이 표시, 조종사 2인제 등이 특징이다.

CO 하늘을 나는 호텔, 그 다양한 면면들

항공 초기에는 객실이 따로 없었다. 승객은 조종사 뒤의 개방된 좌석에 앉아 바람을 맞아가며 항공여행을 했다. 지금은 조종실과 완전히 분리된 객실, 그것도 지상의 호텔에 못지않은 객실 내의 쾌적한 환경에서 기내식에 영화와 음악을 즐기며 항공여행을 한다. 하늘을 나는 호텔이나 다름없는 여객기의 객실은 기본적으로 객석, 간이주방**갤리**, 화장실 **래버토리**로 구성되어 있다.

A-380의 퍼스트클래스
(대한항공제공)

객석은 어떻게 변해왔을까?

객실의 객석은 원래는 모노 클래스로 이코노미 클래스만 있었다. 지금은 객석이 퍼스트, 비즈니스, 이코노미의 세 클래스로 나뉘어 있다. 클래스별로 객석의 수, 객석의 간격, 의자의 크기가 다르다. 1920년대 초에 독일 융커스사가 개발한 최초의 여객기 F-13의 객석 수는 4석이었고 의자는 가벼운 등나무 의자였다. 스틸파이프로 만든 의자는 1930년대에 들어와서 처음으로 도입되었다. 근대 여객기인 미국 보잉사의 B-247은 10석, 더글러스사의 DC-3이 21석이었다. 이때만 하더라도 객석 수가 적어 10석 이상만 되면 대형기였다. 객석이 많지 않았기 때문에 클래스를 나눌 수 없어 모노 클래스로 운영할 수밖에 없었다. 처음으로 퍼스트 클래스가 도입된 때는 1927년으로 영국의 임페리얼 항공이 런던-파리노선에 도입했다. 그런데 같은 여객기에 퍼스트 클래스와 이코노미 클래스가 혼합되어 있었던 것이 아니고 퍼스트 클래스만 있는 여객기를 별도로 운항했다. 같은 여객기에 퍼스트와 이코노미 클래스가 있는 혼합편은 1956년에 미국 더글러스사의 4발의 대형 프로펠러여객기 DC-7이 처음으로 도입했다. 그 뒤 1981년에 호주의 콴타스항공이 B-747에 퍼스트와 이코노미 외에 비즈니스 클래스를 도입했다. 현재의 3클래스제가 시작된 것은 1980년대 초에 와이드바디기가 등장하고 나서 항공여행이 대중화되면서 저렴한 운임을 낸 관광단체 승객과 정상운임을 낸 개인 승객과의 차별화를 위해 비즈니스 클래스가 도입되면서 3클래스제가 정착했다.

⬆
항공초기의
네모난 객실과 가벼운 의자

↑
간이주방 갤리
(대한항공제공)

객실 내 간이주방 갤리

객실에는 기내식을 카트채로 저장할 수 있는 시설을 갖춘 간이주방인 갤리^{Galley}가 있다. A-300의 경우 네 개, B-747에는 일곱 개, A-380에는 아홉 개의 간이주방이 있다. 간이주방에는 간단한 조리를 할 수 있는 조리대가 있고 커피를 끓이거나 요리를 데워주는 고온오븐, 커피메이커, 냉장고, 보온용 식사 서비스 카트 등이 좁은 공간에 비치되어 있다.

기내식은 비행시간과 운항시간대에 따라 식사내용이 다르다. 퍼스트나 비즈니스 클래스에는 세 가지, 이코노미 클래스에는 두 가지 메뉴가 준비된다. 종교나 건강상 이유에 의한 특별기내식은 이슬람교인을 위한 모슬렘밀 Moslem Meal, 채식주의자를 위한 베지테리언밀 Vagitalian Meal, 당뇨환자를 위한 다이아베팅밀 Diabetic Meal까지 국제기준에 따라 그 종류가 23가지나 된다.

만미터 상공에서 즐기는 식사

항공여행의 하이라이트는 기내식 서비스다. 이 서비스를 처음 도입한 것은 영국의 핸들리 페이지 트랜스포트 항공으로 1919년에 서양식 도시락인 런치 박스를 유료로 서비스했다. 그 뒤 1925년에 프랑스의 에어 유니온 항공이 주방을 갖춘 객실에서 와인을 곁들인 따뜻한 프랑스 요리를 만들어 서비스했다.

대형 여객기의 등장으로 많은 승객에게 기내식을 제공하게 되면서 기내에서 요리하는 방식은 없어졌다. 그 대신에 지상의 기내식 센터Catering Center에서 조리한 음식을 냉장상태로 담은 기내식 트레이를 탑재하여 기내에서 데워서 제공하는 방식으로 바뀌었다.

기내식 센터는 하루에도 몇 만식을 만드는 기내식 공장이다. 국제선의 경우 단거리 노선에서는 한 번의 샌드위치 등 데우지 않아도 되는 기내식, 중거리 노선에서는 두번의 따뜻한 기내식, 장거리 노선에서는 세 번의 따뜻한 기내식이 제공된다.

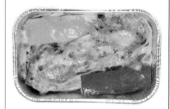

○
다양한 기내식

○
이코노미클래스의 기내식

한 컵의 물로 씻어내는 화장실

여객기에는 화장실Lavatory이 비치되어 있다. 그 수와 위치는 기종에 따라 다르다. 대형기나 장거리용 여객기에 더 많은 화장실이 있다. 대형기인 B-747의 경우 30~40명에 한 개씩 모두 13개가 있다. 여성전용이나 장애인용 화장실을 설치한 항공사도 있다.

항공 초기에는 여객기에 화장실이 없었다. 빈 통을 기내에 두고 변기 대신으로 사용하고 공중에 버려 공중 분해시켰던 때도 있었다. 1930년대 말에 근대여객기 DC-4가 등장하면서 여객기 내에 화장실을 설치했다. 변기는 이동식이었다. 여객기가 공항에 도착하면 변기를 들어내 청소해야 하는 불편이 있었다. 1945년에 더글러스사의 장거리 프로펠러 여객기 DC-6B가 등장하면서 탱크로 된 고정식 변기로 바뀌었다. 공항에 도착하면 오물청소차가 와서 변기를 청소했다.

제트여객기가 등장하자 변기가 순환수세식으로 바뀌었다. 이 방식은 오물을 처리한 물을 여과시켜 분리한 다음에 정화제로 냄새를 없애고 살균하여 되풀이해서 사용했다.

지금은 버큠식 **진공흡수식**으로 바뀌었다. 이 방식은 동체 뒤편에 오물탱크를 설치해놓고 비행 중의 여객기 내외의 기압 차를 이용하여 물은 한 컵 정도만 사용하고 압력으로 오물과 주변의 냄새까지 흡수하여 탱크에 모으는 방식이다.

여객기의 화장실은 변기 외에 거울, 냉온수가 나오는 세면대가 있다. 그리고 벽장에는 비누, 티슈페이퍼, 구토용 봉투, 화장품, 빗, 면도기 등 의외로 많은 비품이 비치되어 있다. 이착륙할 때는 화장실을 사용할 수 없다. 화장실 내는 법정 금연구역으로 위반하면 벌금을 물게 된다.

A-380 화장실
(대한항공제공)

게임까지 할 수 있는 하늘의 오락시스템

밀폐된 공간에서 오랜 시간을 비행해야 하는 항공여행의 지루함을 조금이라도 덜어주기 위해 객실에는 신문, 잡지, 음악, 식사, 영화, 전자 게임, 면세품 판매에 이르기까지 여러 가지 서비스가 제공된다.

객실 서비스의 역사를 돌이켜보면 1929년에 미국의 트랜스콘티넨털항공이 객실 내에서 기내방송을 통해 처음으로 뉴스를, 1930년대 초에 아메리칸항공이 뉴욕-시카고 노선에 기내 라디오방송 서비스를, 그리고 1932년에 웨스턴항공이 기내에서 영상 서비스를 시작했다. 제2차 세계대전이 끝난 뒤 객실 내에 오디오 시스템이 도입되어 음악을 들을 수 있게 되었다.

1970년대 초에 대형 제트여객기가 등장하면서 비행 중에 객실 내에서 영화를 보고 음악을 즐길 수 있는 기내 엔터테인먼트시대가 열렸다. 정보화시대를 맞이한 지금은 각 좌석에 개인용의 소형액정모니터가 갖추어져 있어 여러 가지 영화나 음악을 자유로이 즐길 수 있고 간단한 게임까지 할 수 있도록 서비스가 매우 다양해졌다.

⬆
대한항공의 멀티미디어시스템
(대한항공제공)

D

알면 속시원한 여객기 비밀

D1

엔진 수로
여객기를 구별한다

현재 전 세계에 운항하고 있는 여객기의 종류 ^{기종}는 몇 기종이나 될까? ICAO ^{국제민간항공기구}의 통계에 따르면 여객기의 종류는 약 150기종이나 된다. 그중 약 30기종이 제트여객기다. 우리나라에는 최신의 장거리 초대형 제트여객기 A-380을 비롯하여 대형 제트여객기 B-747-400, 중장거리 중형 제트여객기 MD-11, B-777, B-767, A-330, A-300 그리고 중단거리 소형 제트여객기 B-737, A-321, F-100 등 약 15기종 의 제트여객기가 취항하고 있다. 이들 여객기는 인천국제공항에 가면 볼 수 있다. 항공여행의 즐거움 중 하나가 새로운 여객기를 타보는 것이지만, 직접 타보지 않더라도 각국의 공항에 주기하고 있는 여객기를 보고 어떤 기종인지를 구별할 수 있으면 그만큼 해외여행의 즐거움이 더해진다.

여객기의 구분 기준

제트여객기의 경우 외관만 보고 기종을 구별할 수 있는 기종이 있다. 엔진이 주 날개에 네 개가 있고 객실 전체가 복층인 에어버스사의 초대형 여객기 A-380과 객실의 앞부분만 복층이고 뒷부분이 단층으로 마치 고래같이 생긴 보잉사의 대형 제트여객기 B-747이 그렇다.

또 엔진이 주 날개에 두 개, 동체의 뒷부분에 한 개가 장착되어 있는 맥도널 더글러스사의 MD-11, 엔진 세 개가 모두가 동체의 뒷부분에 장착되어 있는 보잉사의 B-727은 모양이 독특하여 구별하기 쉽다. 이들 몇몇 여객기를 제외하고는 보잉사의 B-737이나 B-777 그리고 에어버스사의 A-330이나 A-300처럼 주 날개의 좌우 양쪽에 엔진이 한 개씩 모두 두 개가 달려 있다. 그 모양이 비슷하여 어떤 기종인지 구분하기가 어렵다.

제트여객기는 동체의 크기나 엔진의 수, 그리고 엔진이 있는 위치 등으로 어떤 기종인지를 구별할 수 있다.

다양한 기종의 여객기들

엔진에 의한 구분

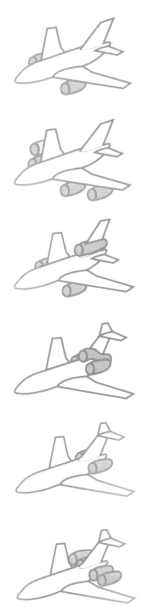

제트여객기는 원통 모양의 엔진이 어디에 몇 개 장착되어 있느냐에 따라 기종을 구별할 수 있다. 우선 엔진이 몇 개냐에 따라 쌍발 여객기, 3발 여객기, 4발 여객기로 구별된다. 여객기에는 단발기가 없다. 안전을 위해 엔진이 하나만 있는 단발기는 여객기로 사용할 수가 없다.

쌍발 여객기는 대부분 엔진이 주 날개의 양쪽에 각각 하나씩 장착되어 있다. 그러나 일부 여객기는 동체의 뒷부분에 있기도 한다. 주 날개에 엔진이 장착되어 있는 대표적인 쌍발 여객기는 미국 보잉사의 B-767, B-777, B-737, 유럽 에어버스사의 A-300, A-330 등이다. 동체의 뒷부분에 엔진이 있는 쌍발기로는 더글러스사의 DC-9, 맥도널 더글러스사의 MD-90, 포커사의 F-100이 있다.

엔진이 주 날개에 달려 있는 쌍발 제트여객기처럼 외관만 보고 기종을 구별하기가 쉽지 않을 경우에는 동체의 크기와 엔진의 크기를 보고 구별할 수 있다. 예컨대 B-737과 A-300의 두 기종은 모두 두 개의 엔진이 주 날개에 장착되어 있다. 다만 B-737은 소형 단거리용이므로 동체가 작고 짧으며 반면에 A-300은 중거리용이므로 동체가 B-737보다 더 굵고 길다.

쌍발 장거리 중형 여객기인 B-777이나 A-330은 두 개의 엔진이 주 날개에 있는 것은 중단거리 소형기인 B-737이나 A-320과 같지만 B-777이나 A-330은 장거리 여객기이므로 더 멀리 날기 위해서는 엔진이 1.5배 가까이 더 크고 동체도 길고 굵다.

B-767과 B-777은 엔진 수와 배치가 같기 때문에 엔진만으로 구별하기가 어렵다. 동체의 양쪽에 같은 크기의 도어가 각각 네 개씩 붙어 있으면 B-777이고 크기가 다른 도어가 섞여 있으면 B-767이다.

3발 제트여객기는 엔진이 주 날개의 양쪽에 각각 하나씩 장착되어 있고 나머지 하나는 동체 뒷부분의 수직꼬리 날개 가까이에 장착되어 있어 쌍발기나 4발기와 구별하기 쉽다. 대표적인 3발기로는 더글러스사의 DC-10과 맥도널 더글러스사의 MD-11이 있다. 다만 이 두 기종은 엔진 수나 배치가 같아 구별하기 어렵다. 3발기 중 엔진 세 개가 모두 동체의 뒤에 있는 것은 보잉사의 B-727이다.

A-380, B-747 등 4발 대형 장거리 여객기는 엔진이 주 날개에 각각 두 개씩 달려 있다. 다만 소련의 IL-86이나 IL-96처럼 동체의 뒷부분 양쪽에 각각 두 개씩 모두 네 개가 달려 있는 여객기도 있다.

더글라스사의 DC-9
엔진이 뒤에 배치되어 있다.

동체에 의한 구분

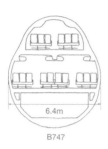

6.4m
B747

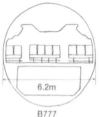

6.2m
B777

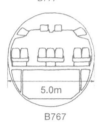

5.0m
B767

3.8m
B737/B757

5.6m
A300/A310/A330/A340

제트여객기는 동체의 크기에 따라 초대형, 대형, 중형, 소형 여객기로 구분한다. 객실의 좌석이 500석 이상이면 초대형기, 350~500석이면 대형기, 200~350석이면 중형기, 100~200석이면 소형기다.

대형기인 B-747, MD-11, A-340 등은 동체의 폭이 넓고 객실 내에 두 개의 통로가 있으며 좌석이 한 줄에 9~10석이 배치되어 있다. 이런 여객기를 와이드바디 Wide Body 라고 부른다. 최근에 개발된 초대형기인 A-380은 엑스트라 와이드바디 Extra Wide Body 라고 부른다.

B-777, B-767, A-330, A-300 등 중형기는 두 개의 통로에 좌석이 한 줄에 7~8석이 있어 세미와이드바디 Semi-wide Body 라고 부른다. B-737, A-320, MD-82, F-100 등의 소형기는 한 개의 통로에 한 줄에 5~6석의 좌석이 배치되어 있어 내로우바디 Narrow Body 라고 부른다. 또한 동체의 모양에 따라 여객기를 구별할 수 있다. 일반적으로 제트여객기의 동체는 객실이 단층이다. 그러나 객체 전체가 2개 층이면 초대형 여객기 A-380이고 고래처럼 동체 앞부분만 2개 층이면 대형기 B-747이다.

와이드바디여객기의 객실 안이 넓고 쾌적하게 느껴지지만, 실제 승객 한 사람 한 사람이 차지하는 공간은 내로우바디 여객기와 큰 차이가 없다.

날개에 의한 구분

보잉사의 B-777이나 B-767, 에어버스사의 A-330의 구별은 주 날개 끝에 윙릿Winglet이라고 불리는 작은 수직날개가 있느냐 없느냐로 구별할 수 있다.

에어버스사의 제트여객기는 윙릿이 있어 날개 끝이 45도 각도로 위로 꺾여 있다. 보잉사의 제트여객기에는 윙릿이 없어 날개 끝이 평평하게 뻗어 있다. 대형기인 점보기의 경우 주 날개에 윙릿이 없으면 재래기인 B-747이고 윙릿이 있으면 최신기인 B-747-400이다. MD-11은 DC-10의 후속기로 개발된 여객기로 주 날개의 끝에 윙릿이 있다.

기수에 의한 구분

제트여객기의 얼굴이라 할 수 있는 기수 부분이나 조종실 창의 모양은 보잉사와 에어버스사가 다른 특징을 가지고 있다. 보잉사의 B-737이나 B-727은 사람 얼굴의 눈 위에 눈썹이 있듯이 조종실 창 위에 좌우로 각각 두 개씩 작은 창이 달려 있다. B-747은 조종실의 창이 2층에 높이 있다. B-767 계열은 B-737과 같은 눈썹 창이 없다.

보잉사의 B-747 계열은 앞부분만 복층으로 설계되어 고래등처럼 불룩한 기수를 가지고 있다.

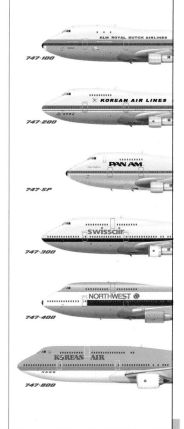

D2

너무 형식적인
여객기의 명칭과 국적번호

여객기에도 사람처럼 이름이 있다. 우리들이 가장 잘 알고 있는 것이 현대 여객기의 상징인 B-747 '점보'와 최근에 개발된 세계에서 가장 큰 여객기인 A-380 '하늘의 궁전' 제트여객기이다. 그러나 '점보'나 '하늘의 궁전'은 정식 이름이 아니고 애칭이고 정식 이름은 B-747과 A-380이다. 제조회사의 머리글자를 딴 B나 A는 성이고 기종을 나타내는 형식번호인 747이나 380은 이름이라고 할 수 있다. 그런데 보잉사는 슈퍼 제트라는 애칭을 붙이려 했으나 언론들이 아프리카 코끼리의 애칭인 점보라고 부른 것이 애칭이 되었다.

◐
보잉 787의 애칭인
Dream Liner

제조사의 머리글자와 형식번호로
이름을 붙이는 것이 관례이다.

여객기의 명칭

여객기의 이름은 약간의 예외를 제외하고는 기본적으로 제조회사의 머리글자와 기종을 나타내는 형식번호를 함께 사용하여 붙이는 것이 관례이다.

현재 운항하고 있는 대표적인 여객기에는 보잉사의 B-747 외에 B-737, B-777, B-787과 에어버스사의 A-380 외에 A-300-600, A320, A-330, 맥도널드 더글러스사의 MD-11, 포커사의 F-100 등이 있다. B는 미국의 보잉사, MD는 맥도널드 더글러스사, A는 유럽 6개국 공동의 에어버스사, F는 네덜란드의 포커사의 머리글자에 형식번호를 붙여서 여객기의 정식 이름으로 사용하고 있다. 다만 기종을 타나내는 형식번호는 보잉사는 700시리즈 번호, 더글러스사는 일련번호, 에어버스사는 300시리즈 번호를 사용하고 있다.

애교가 넘치는 여객기의 애칭

COMET

승용차의 경우에는 외국은 물론 국산 승용차도 소나타, 에쿠스와 같은 애칭을 사용하고 있다. 그러나 여객기의 경우는 약간의 예외를 제외하고는 거의 애칭을 사용하지 않는다. 세계 3대 여객기 제조회사인 미국의 보잉사나 맥도널 더글러스사**1998년에 보잉사가 인수**나 유럽의 에어버스사는 애칭을 일체 사용하지 않고 여객기의 이름을 알파벳과 숫자만 나열하고 있다. 현대 여객기로 정식이름 외에 애칭을 갖고 있는 여객기는 그렇게 많지 않지만, 일부 제조회사가 애칭을 사용하고 있다. 대표적인 예로 최초의 제트여객기인 영국의 드 하빌란드사의 DH-106나 미국의 록히드사의 3발 제트여객기 L-1011은 각각 코밋**Comet/혜성**과 트라이 스타**Tri-Star/세 개의 빛나는 별**라는 애칭을 갖고 있다. 그 밖에 포커사의 F-27 프랜드십**Friendship/우정**을 들 수 있다. 반면에 초음속기인 콩코드**Concorde/화합**는 애칭이 아니고 정식 이름이다.

전통적으로 애칭을 좋아했던 제조회사는 록히드사다. 록히드사는 프로펠러여객기시대에 개발한 여객기에 주로 별의 이름을 애칭으로 사용했다. 베가**Vega/직녀성**, 알테어**Altair/견우성**, 시리우스**Sirius/천랑성** 등 별이름을 애칭으로 많이 사용했다.

유럽의 항공사는 프랑스를 제외하고는 대부분이 여객기에 애칭을 즐겨 사용하고 있다. 흥미로운 것은 영국제 여객기는 대부분이 애칭을 갖고 있는 데 기종 자체에 애칭을 붙이지 않고 여객기마다 각각 애칭을 붙이고 있는 것이 특징이다. 특히 영국항공은 창사 이래 지금까지 모든 여객기에 애칭을 붙이는 것이 하나의 전통으로 이어져 왔다. 예컨대 B-737에는 테임즈, 나일, 아마존 등 세계적으로 유명한 강 이름을 애칭으로 사용하고 있다.

여객기의 국적기호와 등록번호

모든 여객기에 반드시 국적기호와 등록번호를 갖고 있다. 여객기의 동체나 수직꼬리날개에 붙어있다. 이것은 국적기호 다음에 등록번호가 있어 자동차의 번호처럼 여객기 한 대 한 대의 신원을 증명하기 위한 것이다.

국적기호는 각국이 결정한 후에 ICAO **국제민간항공기구**에 등록하도록 되어 있다. 우리나라의 국적기호는 HL이다. 이처럼 국적기호는 태국은 TS, 인도는 VT, 터키는 TG, 일본은 JL 등 일반적으로 알파벳 두자로 쓴다.

그러나 예외로 미국 N, 영국 G, 독일 D, 프랑스 F, 중국 B, 이탈리아 I 등은 한 자로 되어있으며 구소련의 CCCP나 몽골의 BNMAU처럼 여러 자를 사용하는 국가도 있다. 대만은 중국과 같은 B를 사용하고 있으며 북한은 P를 국적기호로 사용하고 있다. 브라질은 PP와 PT, 멕시코는 XA, XB, XC처럼 복수의 국적기호를 갖고 있는 나라도 있다.

국적기호 다음에 이어서 4개의 수자로 된 여객기의 등록기호가 붙어 있다. 우리나라는 프로펠러 여객기의 경우 HL2XXX처럼 국적기호 다음에 2, 제트여객기의 경우 HL7XXX처럼 7이 붙는다. 그다음에 붙는 두 번째 자리 수는 엔진의 수를 가리키는 것으로 엔진의 2개인 쌍발기는 2, 엔진이 3개인 삼발여객기는 3, 엔진이 4개인 사발여객기의 경우에는 4가 붙는다. 그다음에 붙는 세 번째와 네 번째 번호는 등록일련번호다.

HL7475이라는 여객기의 등록번호를 예로 보면 HL은 국적기호로 대한민국, 7은 제트여객기, 4는 엔진이 네 개인 4발여객기를 가리키고 있다. 그리고 그 다음 75는 동일 기종끼리의 일련번호를 나타내고 있다. 우리나라의 모든 여객기는 국토교통부에 등록되어 있다.

D3

여객기의 창을 작게 만드는 이유

여객기의 창은 크게 조종실 창과 객실 창으로 나뉜다. 조종실 창은 기차나 버스의 창처럼 네모지고 큰데 객실의 창은 둥글고 작다. 조종실 창처럼 객실 창도 크면 승객 모두가 바깥 경관을 볼 수 있어 좋을 텐데 왜 여객기의 창은 둥글게 그리고 작게 만드는 것일까?

여객기도 화물전용기처럼 동체에 창이 없는 것이 기체의 강도를 유지하기 위해서 가장 좋다. 그러나 여객기에 창을 만들지 않을 수 없기 때문에 되도록 작게 만드는 것이다.

○ 여객기의 좁고 둥근창

5겹으로 된 조종실 창

여객기는 하늘에서 음속에 가까운 빠른 속도로 비행하기 때문에 비행 중에 조종사가 밖을 잘 볼 수 있도록 조종실에는 여섯 개의 큰 창이 있다. 조종사는 이 창을 통해 여객기의 안전운항에 필요한 시각정보를 얻는다. 조종실의 앞창은 객실의 창보다 훨씬 더 크고 튼튼하다.

조종실 창의 기본구조를 보면, 조종석의 정면에 윈드실드^{Wind-shield}라고 불리는 바람막이 창^{防風窓}이 2개가 있고 그 옆에 좌우로 각각 두 개씩의 옆 창이 있다. 조종실의 창은 비행 중에 새나 다른 물질이 와서 부딪혀도 깨지지 않고 또한 객실 내의 여압된 공기의 압박을 견딜 수 있을 만큼 튼튼하다.

일반적으로 조종실 창은 5겹으로 되어 있으며 B-747의 경우에는 7겹이다. 맨 바깥 창은 비행 중에 강한 바람이나 비나 이물질이 부딪혀도 견딜 수 있고 새가 부딪혀도 깨지지 않도록 1~2㎜의 특수 유리로 되어 있다. 유리의 안쪽은 얇은 전도성의 금속 산화피막을 입혀 전기를 흐르게 해 창의 표면온도가 항상 섭씨 35도로 유지되도록 되어 있다. 이 때문에 조종실 창은 바깥 기온이 낮은데도 얼거나 서리가 끼지 않는다.

중간 창은 두께 2㎜ 정도의 비닐, 세 번째 창은 두께 22㎜ 정도의 아크릴수지, 네 번째 창은 두께 1㎜의 비닐, 그리고 가장 안쪽 창은 두께 17㎜ 정도의 아크릴수지로 되어 있다. 조종실 창은 전체 두께가 45㎜에 그 무게가 70㎏이나 되며 온도 차나 기압 차에도 충분히 견딜 수 있게 되어 있다.

이처럼 5겹에 특수한 재질로 만들어져 있어 조종실 창은 한 장의 가격이 약 5만 달러가 넘는다.

여러겹으로 이루어진
여객기 창문

3겹으로 된 객실 창

객실에는 거의 좌석마다 하나씩 작은 창이 있다. 객실은 밀폐된 공간이기 때문에 창이 없어 밖을 내다볼 수 없으면 폐소공포증廢所恐怖症 환자가 아니더라도 안정을 찾지 못해 매우 불유쾌한 여행을 하게 되는 것을 막기 위해서다.

객실의 창은 3겹으로 되어 있다. 맨 바깥 창은 두께가 9~13㎜이고 두 번째 창은 두께가 11㎜로 기내의 기압을 견뎌 공기가 바깥으로 나가지 않게 한다. 두께가 6㎜인 맨 안쪽 창은 소음을 방지해주는 방음창으로 기내 온도도 유지해준다.

중간 창은 여객기가 외부 기온이 −50℃가 넘는 10,000m 이상의 상공을 비행하더라도 35℃를 유지하여 김 서리가 끼지 않게 한다. 그렇게 하기 위해 창 아래 부분에 있는 작은 구멍을 통해 객실 내에 적정 온도의 공기가 흘러 들어가게 되어 있다. 객실 창의 재질은 가벼우면서 투명성이 높으며 잘 깨지지 않고 유연성이 있어 가공하기 쉬운 아크릴판으로 만든다.

객실 창이 작고 둥근 이유

객석마다 있는 여객기의 창이 좀 더 크면 통로 쪽에 앉아 있는 승객도 푸른 하늘과 수시로 변하는 구름 그리고 눈 아래로 보이는 경치를 즐길 수 있을 것이다. 그런데 여객기의 창은 작고 네 모퉁이가 둥글다. 여객기가 10,000m 이상의 고도로 비행할 때 바깥 기압은 불과 0.25기압인데 객실 내의 기압은 여객기가 지상에 있을 때와 거의 같은 0.8기압이다. 객실을 여압하지 않았던 때의 여객기의 창은 컸다. 지금은 여객기의 동체가 내부에서부터 외부로 기압 차로 생기는 1㎡에 6톤에 가까운

힘을 받으면서 비행하고 있다. 그렇기 때문에 여객기가 이 힘을 견디게 하기 위해서는 창이 없는 것이 가장 이상적이다. 그러나 창을 안 만들 수는 없어서 창을 만들되 여객기의 창이 네모일 경우 모퉁이 부분에 힘이 집중되어 깨지기 쉽기 때문에 객실 창을 둥글게 그리고 작게 만든 것이다. 최근에 개발된 B-787은 창이 1.3배 가까이 커서 창 쪽이 아니라도 바깥을 볼 수 있게 되었다.

흥미로운 강도 테스트

19 73년 미국 휴스턴에서 라스베거스로 비행하고 있던 제트 여객기가 비행 중 엔진이 폭발하면서 그 파편이 동체에 부딪혀 객실 창과 그 부근의 벽이 날아갔다. 그 순간 그 옆에 앉아 있던 승객이 순식간에 동체 밖으로 빨려 나가버렸다. 이러한 사태가 발생하지 않도록 창이나 동체의 외판에 대해 강도 실험을 하고 외판에 구멍이 나더라도 더 확대되지 않도록 되어 있다. 여객기 창의 강도를 테스트하는 방법은 매우 흥미롭다. 객실 창에 직경 3㎜의 얼음 덩어리를 공기총으로 쏜다. 조종실 창은 무게 1.8㎏의 죽은 닭을 압축공기의 대포로 쏘아서 그 강도와 안전성과 내구성을 테스트한다. 이와 같은 테스트를 하는 것은 여객기의 창이 10,000m 상공에서도 깨지지 않도록 하기 위해서다.

조종실의 앞창에도 와이퍼가?

자 동차와 마찬가지로 조종실의 앞창에도 와이퍼가 붙어 있다. 항공기는 구름 위로 올라가면 비를 맞지 않는다. 따라서 와이퍼는 주로 활주로와 유도로를 주행할 때 사용한다. 여객기의 와이퍼는 빗물뿐만 아니라 새가 충돌하여 창이 흐려졌을 때도 유용하게 쓰인다. 와이퍼는 좌우 각각 독립되어서 따로따로 움직인다. 하나는 조종사가, 다른 하나는 부조종사가 조작한다. 와이퍼 자체에 붙어 있는 분사구에서 세정액도 나온다.

자동차처럼 조종실 앞창에도 와이퍼가 있다.

여객기에도 열고 닫을 수 있는 창이 있다

여객기의 창은 기본적으로 열고 닫지 못하게 되어 있다. 그런데 최신 여객기인 B-737, B-767, B-777은 조종실의 옆창을 옆으로 밀어서 열고 닫을 수 있다. 조종사를 위한 비상도어로 사용된다.

정부전용기로 사용될 경우 이 창을 이용하여 국기를 게양한다. 조종실 창을 열었다 닫을 수 없는 B-747의 경우에는 조종실의 천장에 있는 비상도어를 이용하여 국기를 게양한다.

창이 없는 비행기도 있다

화물전용기는 보통 여객기와 달리 한눈에 알아볼 수 있는 구조적 특징이 있다. 그것은 조종실을 빼고, 어디에도 창이 없다. 자동차에 비유하면 여객기는 버스에, 화물전용기는 트럭에 해당하므로 창이 없다. B-747F 화물전용기에는 약 120톤의 화물을 탑재할 수 있다.

🔽 창문이 없는
화물전용기

D4

등유를 먹는 대식가 제트여객기

제
트여객기는 식욕이 왕성한 대식가다. 덩치가 커서 많은 양의 항공연료 aviation fuel를 먹을 수밖에 없다. 많이 먹다 보니 비싼 가솔린은 먹지 못하고 가정용 스토브에 사용하는 값이 싼 등유를 먹는다. 얼마나 많은 연료를 먹을까? 제트여객기는 이륙할 때 무게의 거의 40%가 항공연료의 무게다. 장거리 대형기인 B-747-400의 경우 인천에서 로스앤젤레스까지 11시간을 비행하는 데 약 900드럼 1드럼=200리터, 1시간에 약 82드럼, 1분에 1드럼 반 정도의 항공연료를 먹는다. 이것은 소형차가 지구를 50바퀴 돌 수 있는 양이다.

다음 비행을 위해 각종 정비와 급유를 받고 있는 장면

제트여객기의 연료는 등유?

승용차가 연료로 가솔린을 사용하는 것은 누구나 아는 사실이다. 프로펠러 여객기도 항공연료로 승용차와 같은 가솔린을 사용한다. 다만 항공용 가솔린은 옥탄가가 높다. 제트여객기도 가솔린을 사용하는 것으로 생각하기 쉽지만, 그렇지 않다.

제트여객기는 운항비용의 3분의 1을 연료비가 차지한다. 따라서 프로펠러기처럼 비싼 가솔린을 사용하지 못하고 케로신이라고 불리는 값이 싼 가정용 석유스토브에 사용하는 등유燈油를 사용한다. 등유는 원유를 증유하는 과정에서 가솔린 다음으로 추출된다.

다만 제트여객기가 비행하는 10,000m 이상의 상공은 바깥 기온이 −50℃ 이상으로 매우 춥다. 그렇기 때문에 수분이 많은 가정용 등유는 얼어버려 사용할 수 없다. 항공연료로 사용하는 등유는 순도가 높고 수분이 적은 케로신kerosene이라고 불리는 등유의 일종이다. 또한 케로신은 가솔린 연료에 비해 인화점이 낮아 40도 이상이 되어야 탄다. 이것은 항공사고가 났을 때 화재가 일어나는 것을 막는 데 도움을 준다.

항공기의 연료에는 비행 중 연료내의 수분이 동결하는 것을 방지하기 위해서 동결방지제가 섞여 있다.

○
제트기는 등유로 쓰이는 케로신을 원료로 사용한다.

여객기는 연료를 얼마나 탑재할까?

장거리를 비행하는 여객기는 많은 연료를 소모한다. 그만큼 연료탱크도 크다. 서울-로스앤젤레스 노선을 직행하는 쌍발 장거리 여객기인 B-777-300은 최대로 탑재할 수 있는 항공연료의 양이 약 17만 리터로 200리터 들이 드럼으로 환산하면 850드럼에 무게가 137톤, 서울-뉴욕을 직행하는 B-747-400은 최대로 약 23만 리터로 1,100드럼에 그 무게가 175톤이나 된다.

여객기는 목적지까지 비행하는 데 실제로 소비되는 항공연료보다 더 많은 연료를 실는다. 목적지의 기후가 나쁘거나 어떤 사유로 예정대로 착륙하지 못할 경우에 대비해야 하기 때문이다. 목적지까지의 예상연료 외에 상공에서 대기할 때 사용할 연료나 대체공항까지 비행하는 데 필요한 연료 등 항공법에 정해져 있는 예비연료를 실어야만 한다.

항공연료는 바깥기온에 따라 부피가 변화한다. 따라서 연료탱크에 연료를 탑재할 때 부피를 나타내는 단위인 리터나 갤런을 사용하지 않고 무게를 나타내는 단위인 파운드나 킬로그램을 사용한다.

여객기는 연료를 어디에 탑재할까?

이 렇게 많은 양의 항공연료를 여객기는 어디에 탑재할까? 동체에 항공연료를 탑재하는 것으로 생각하지만, 놀랍게도 여객기의 주 날개에 탑재한다. 항공 초기에는 동체 내에 장착한 연료탱크에 항공연료를 실었다.

지금은 주 날개에 항공연료를 탑재하고 일부만 동체의 밑바닥에 탑재한다. 대형 여객기인 B-747-400의 경우 주 날개에 여섯 개, 주 날개 사이의 동체 바닥에 한 개, 모두 일곱 개의 연료탱크가 있다. 그리고 항속거리를 늘리기 위해 수평꼬리 날개에 보조연료탱크가 있다.

여객기의 주 날개는 동체에 비해 작고 얇아 보이지만, 실제로는 날개의 표면적이 넓으며 탱크를 청소할 때 정비사가 걸어 다닐 수 있을 정도로 날개 속 탱크의 높이가 2m나 된다. 탱크에 탑재한 항공연료를 사용하는 순서는 동체의 탱크에 저장한 연료를 제일 먼저 사용한다. 그다음에 동체에 가까운 탱크의 연료를 사용하고 양 날개의 끝에 있는 탱크의 연료는 맨 나중에 사용한다. 비행 중에 날개가 양력을 받아 위로 치켜 올라가서 안전성을 해칠 우려가 있기 때문이다.

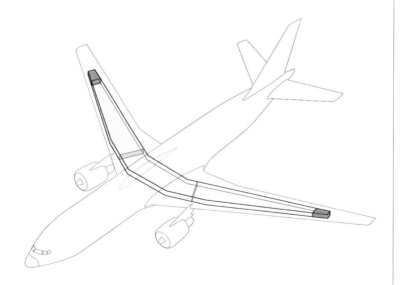

날개안 연료저장탱크

주 날개에 연료를 탑재하는 이유

항 공연료를 동체에 탑재하지 않고 주 날개에 탑재하는 것은 주 날개를 무겁게 하기 위해서다. 여객기가 이륙하기 위해서 활주를 시작하면 주 날개에 양력이 발생하여 날개가 위로 휜다. 그뿐 아니라 비행 중에는 주 날개에는 양력이 위로 향하고 동체에는 중력이 아래로 향하기 때문에 주 날개와 동체가 연결되는 부분에 상당한 힘이 걸린다. 만일 연료탱크까지 동체에 설치하면 날개와 동체의 연결부분에 걸리는 무게가 더욱 커져 여객기의 안전성을 해칠 우려가 있다.

주 날개에 장착된
연료탱크

주 날개에 연료를 넣어 동체와 주 날개의 연결부분에 걸리는 무게를 줄여줄 필요가 있다. 이러한 구조상의 이유로 여객기의 주 날개에 연료를 탑재한다. 엔진이 날개에 달려 있는 것도 연료탱크처럼 무게를 분산시키기 위해서다.

항공연료는 어떻게 급유할까?

천 톤 이상의 항공연료를 여객기의 연료탱크에 주입하려면 공항 주기장 내의 급유전給油栓을 통해 연료를 공급받는 데 30분 정도 걸린다. 이때 하이드랜트 펌프트럭이 지하배관과 연결된 지상 급유전의 밸브와 여객기 연료탱크의 밸브를 중간에서 연결한 후 펌프기를 가동하여 급유한다. 급유전이 없는 공항에서는 연료를 실은 탱크트럭을 이용하여 급유를 하는 경우도 있다. 인천국제공항의 경우 하루에도 수백 편의 여객기가 세계 주요도시를 향해 이륙한다. 이들 여객기에 항공연료를 공급하기 위해 10만 배럴 용량의 저장탱크 8기와 약 26㎞의 지하배관, 주기장 내에 296개의 급유전이 있다.

공중에서 연료를 버리는 장치

항 공연료를 가득 싣고 이륙한 직후에 여객기가 부득이 비행을 계속하지 못하고 착륙해야 할 경우가 있다. 이때 여객기는 안전하게 착륙할 수 있는 무게까지 기체의 무게를 가볍게 해야만 착륙할 수 있다. 여객기는 기종별로 안전하게 착륙할 수 있는 최대착륙중량이 정해져 있기 때문이다. 여객기는 법적으로 그 이상의 무게로는 착륙할 수 없게 되어 있다.
여객기의 무게를 줄이기 위해 여객이나 화물을 내릴 수는 없고 실려있는 항공연료를 버릴 수밖에 없다. 양 날개의 끝에 연결되어 있는 연료방출장치를 이용하여 연료를 공중에 버린다. 약 15분 정도 걸린다. 연료를 버리는 공역이 별도로 정해져 있다. 방출된 연료는 안개처럼 공중에서 증발하여 없어진다.

D5 여객기는 비행 중 전기와 물은 어떻게 얻을까?

여객기는 비행 중에 많은 전기와 물을 필요로 한다. 전기는 주로 여객기를 운항하는 데 필요한 각종 조종장치나 통신장비 그리고 기내의 공조장치를 작동하는데 사용하거나 객실 내의 조명이나 갤리에서 여러 가지 주방용품을 사용하는 데 전기를 소모한다. 물은 주로 갤리에서 커피를 끓이거나 화장실에서 시용한다. 비행 중의 여객기는 전기나 물을 어떻게 얻으며 운항하면서 전기나 물을 얼마나 사용하는지 궁금하다.

○ 각종 전자기기를 사용하는 여객기

하늘을 나는 발전소

대형여객기인 B-747의 경우 평균 한 시간에 220kW의 전기를 사용한다. 우리나라의 한 가구가 한 달 동안 사용하는 평균 전기사용량에 해당한다.

여객기가 비행 중에 사용하는 전기는 교류다. 원래는 직류였으나 제트여객기처럼 대형화 되면서 직류로는 그 소모량을 감당할 수 없어 교류로 바뀌었다.

여객기는 하늘을 나는 발전소이다. 여객기에서 소모하는 전기는 엔진에 장비되어 있는 자가발전기에서 전기를 얻는다. 대형기인 B-747의 경우 4개의 엔진에 각각 1개씩의 교류 전기를 만들어내는 발전기가 있다. 한 개의 발전기에서 90kW, 4대 합계 360kW의 전기를 얻을 수 있다. 최신기인 B-787에는 두 개의 엔진에 각각 두 개씩의 발전기를 갖추고 있다.

그 밖에 기체의 뒷부분의 보조동력장치 APU에 2개의 자가발전기가 있고 비상용 배터리가 2개 장비되어 있다. 비행 중 발전기가 모두 고장이 나도 여객기 꼬리 부분에 장착되어 있는 보조동력장치를 가동하여 전기를 공급하여 엔진이 정상적으로 작동하도록 되어 있다. 뿐만 아니라 보조동력장치까지 고장날 경우에는 비상용 배터리에서 전기를 공급받게 되어 있다. 공항에 주기하고 있을 때 여객기의 꼬리부분에서 배기가스 같은 연기가 나오는 것을 볼 수 있다. 보조동력장치의 작은 엔진에서 나오는 배기가스다. 보조동력장치는 작은 제트엔진으로 교류발전기와 같다. 지상에서 엔진을 시동할 때나 출발준비나 정비할 때 주로 사용한다.

EXTERNAL POWER RECEPTACLE
(115 VAC/400 Hz)
-INTERPHONE CONNECTION
-STEERING SWITCH
-LAN CONNECTION
-GROUND SERVICE SWITCH

각종 전기장비를 위한 전기를 충전하는 장면

여객기의 램프

여객기의 동체나 날개의 바깥에 장착되어 있는 각종 램프에서도 전기를 사용한다. 이들 램프는 여객기의 안전운항을 위해 필요하다. 우선 여객기의 램프에는 충돌방지램프가 있다. 이것은 항공기 상호간의 충돌을 방지하기 위한 것으로 빨간색의 섬광램프이다. 동체의 위와 아래에 설치되어 있으며 1분에 70번 정도 켜졌다 꺼졌다 한다.

그 다음으로 여객기의 진행방향과 위치를 알려주는 항법램프가 주 날개의 양쪽 끝과 수평꼬리날개의 양쪽 끝에 달려있다. 오른쪽 주 날개의 끝에는 초록색, 왼쪽 주 날개의 끝에는 빨간색, 수평꼬리날개에는 하얀색 램프가 있다. 착륙램프는 여객기가 착륙할 때 활주로를 비추는 하얀색 램프로 주 날개의 동체 앞쪽에 있다. 활주램프는 여객기가 유도로를 활주하고 있을 때 사용하는 등으로 여객기의 앞다리에 장착되어 있다. 그밖에 항공사의 로고를 비쳐주는 램프가 수직꼬리날개에 있다.

섬광등을 켜고 비행하는 여객기

비행 중의 여객기가 사용하는 물

여객기는 기체의 중앙이나 뒷부분의 객실 바닥의 바로 아래 물탱크가 있다. 일반적으로 국제선의 경우 1,200ℓ의 물을 싣고 다닌다. 여객기에는 이와 별도로 식수용 생수를 싣고 다닌다. 예컨대 서울-로스앤젤레스의 장거리구간의 경우 1.5ℓ짜리 생수 80~100병정도 싣는다.

탱크에 저장된 물은 비행 중 식사를 서비스하는 갤리 **간이 부엌**에서 사용되거나 세면대나 화장실에 사용된다. 물탱크가 객실보다 낮게 있지만, 물탱크 속에 압축공기를 넣어 그 공기를 이용하여 탱크의 물을 보내도록 되어 있다.

물은 어떻게 공급될까? 급수작업은 물 공급차를 이용하거나 각 공항의 주기장에 설비되어있는 물 공급전용시설을 이용하여 공급한다. 물을 공급할 때는 매번 사용하다 남은 물은 완전히 버리고 국제위생기준에 맞는 새물을 공급한다.

기내에서 사용한 물은 어디에다 버릴까? 화장실에서 사용된 물은 동체의 뒤쪽에 있는 오물탱크에 저장했다가 여객기가 목적지 공항에 도착하면 오물차가 와서 실어간다. 갤리에서 사용된 물이나 그 밖의 물은 동체 밑에 있는 배수장치를 이용하여 기체 밖으로 내보낸다. 여객기는 시속 900㎞ 이상의 속도로 비행함으로 내보낸 물은 순간적으로 공중에서 분산되어 안개처럼 사라져버린다.

화장실의 사용된 물은 오물탱크에 저장된다.

잠시도 쉬지 않고
호흡하는 여객기

항공 초기에는 객실이 별도로 없었다. 조금만 높이 떠서 비행하면 조종사도 승객도 방한복을 입고 산소마스크를 쓰고 하늘여행을 했다. 지금은 제트여객기가 훨씬 더 높이 떠서 비행하지만, 객실 내가 지상과 거의 비슷한 기압과 기온이 유지되고 있어 별로 불편을 느끼지 않고 쾌적한 항공여행을 할 수 있다. 그런데 흥미로운 것은 여객기의 어디에도 에어컨을 볼 수 없다. 기체의 벽이나 천정 안에 가정용 에어컨 같은 것을 볼 수 없다. 기차는 객차의 지붕에 에어컨이 얹혀 있는데 여객기의 경우에는 그렇지도 않다. 여객기의 에어컨은 엔진이 겸하고 있기 때문이다. 객실 내에는 창이 없는 좌석이 있다. 그 벽 속에 엔진에서 객실로 보내오는 공기가 흐르는 에어컨용 배관이 설치되어 있다.

머리위에 있는 조명과 에어컨

여객기의 에어컨 시스템

제트여객기는 10,000m 이상의 높은 하늘을 비행한다. 이 때 여객기의 바깥은 기온이나 기압이 매우 낮아 인간이 생존할 수 없을 정도로 혹독한 환경이다. 다행히 여객기의 조종실과 객실은 가정에서 사용하는 에어컨과는 다르지만, 제트여객기에만 사용하는 특수한 에어컨 시스템 **여압·공조장치**이 있다. 이 시스템은 여압장치와 냉난방장치, 공기순환장치, 오존 제거장치, 여과장치로 구성된 특수한 에어컨 시스템으로 기내 환기를 비롯하여 기압과 온도를 조정해주고 있다. 여압·공조장치가 처음으로 도입된 것은 1940년으로 미국의 팬 아메리칸 항공이 B-307 프로펠러 여객기에 장착했다.

공기는 압축하면 뜨거워지고 팽창하면 차지는 성질이 있다. 공기의 이러한 성질 때문에 제트엔진에서 압축된 공기는 그 온도가 섭씨 850도가 된다. 이 뜨거운 공기의 일부를 여압·공조장치로 가져와 급속히 팽창시켜 찬 공기로 바꿔 온도를 조정한다. 동시에 엔진에서 직접 가져온 공기를 섞어서 기압도 조정한다.

여객기의 환기

밀폐된 공간인 조종실이나 객실은 언제나 환기가 문제가 된다. 사람은 1분에 약 8ℓ의 공기를 흡수한다. 이 때문에 최대 500명이 탑승하는 대형기인 B-747일 경우 1분에 약 4,000ℓ의 공기가 필요하다. 그런데 객실에는 그 50배인 1분에 20만 리터의 공기를 3~4분마다, 그리고 조종실에는 2분마다 공급하고 있다.

제트엔진에서 가져온 압축된 신선한 공기는 여객기에 장착되어 있는 여압·공조장치를 거쳐 조종실이나 객실 천장의 배관을 통

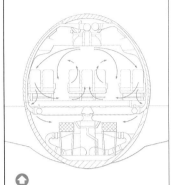

객실의 환기 시스템

해 위에서부터 들어왔다가 바닥에 있는 배관을 통해 뒤로 흘러가 밖으로 빠져나간다. 여객기가 사람처럼 쉬지 않고 호흡을 하여 맑은 공기를 객실에 보내 환기하는 것은 밀폐된 공간인 객실에서 발생하는 먼지나 냄새나 이산화탄소 등을 제거하여 쾌적한 객실 환경을 유지하기 위해서다.

다만 객실에 공급되는 공기의 절반 가까이는 객실에서 배출된 공기를 여과하여 다시 사용한다. 최신 기술로 만든 이 여과장치는 먼지, 박테리아, 바이러스, 이물질을 거의 완벽하게 여과해낸다.

몇 년 전까지만 해도 객실 내는 화장실이나 금연석 이외에서는 담배를 피울 수 있었다. 여객기는 환기가 완벽한데도 지금은 대부분의 항공사가 기내흡연을 엄격히 금지하고 있다. 항공 초기에도 항공연료에 인화될 위험이 있었고 객실의 환기가 되지 않아 기내는 금연이었다.

객실 내의 온도

여객기의 비행 중 바깥 기온이 −50℃가 넘는데도 객실 내 온도는 22~25℃ 수준을 유지한다. 객실의 열은 공조장치에서 공급되는 열외에 승객들의 몸에서 발산되는 열도 있다. 승객 1인당 약 100W, 400명이 탑승한 B-747의 경우에는 40㎾ 이상의 열이 지속적으로 발산된다. 이 때문에 탑승한 승객 수에 따라 객실 온도를 조절해야 한다.

여객기의 공조장치는 더운 날 지상이나 고도가 낮은 하늘에서는 객실에 찬 공기를 공급하고 추운 날이나 높은 하늘에서는 따뜻한 공기를 공급한다.

객실 내의 기압

비행 중 여객기는 여압장치로 기내의 기압이 바깥 기압보다 높도록 유지한다. 이렇게 밀폐된 객실 내에 압축공기를 보내서 기압을 높여주는 것을 여압輿壓이라고 한다. 여객기는 여압장치로 기압을 높여서 객실 내의 기압을 지상의 기압에 가깝게 조정해준다. 고도 7,500m까지는 지상과 같은 1.0기압을 유지하고 그 이상의 고도에서는 기술적인 문제로 객실 내 기압을 고도 2,000m에서의 기압 상태인 0.8기압을 유지한다.

객실 내의 습도

객실 내의 습도는 사막의 습도에 가까울 정도로 매우 건조하다. 일반적으로 쾌적한 습도는 50~60% 인데 기내의 습도는 20% 이하다. 습도가 40% 이하로 내려가면 호흡기질환에 약해지고 피부와 눈이 마르고 코와 목에 통증을 느끼게 된다. 바깥 기온이 −50℃ 이하로 추운 하늘을 비행하는 제트여객기는 엔진이 만든 고온의 압축공기를 냉각시킨 후에 객실로 보내 기내 온도를 유지한다. 이때 습기많은 공기를 객실로 보내면 이로 인해 물방울이 맺히는 결로현상結露現狀이 생겨 각종 기기나 장비가 녹이 슬어 고장의 원인이 된다. 그렇기 때문에 습도를 높여주지 못하고 오히려 수분을 제거하여 공기를 건조시킨 후에 객실로 보내고 있다. 이처럼 기체의 부식을 방지하기 위해서 여객기의 객실 내가 매우 건조한데도 가습기를 설치해 습도를 조절하지 않는 것이다. 이 때문에 비행 중 객실의 습도는 낮을 수밖에 없다. 최신 여객기인 B-787은 알루미늄 합금 대신에 탄소섬유 합성소재인 초강력 플라스틱을 많이 사용하고 있다. 따라서 그만큼 녹슬 걱정이 줄어들어 객실 내의 습도를 기존 여객기보다 10%쯤 더 높다.

D7 멋지게 단장하는 여객기

제트여객기는 동체가 8등신의 미인처럼 날씬할 뿐만 아니라 예쁘게 화장하고 몸치장까지 한다. 거리의 커피하우스에 앉아 멋지게 단장하고 지나가는 사람들을 보면 즐겁듯이 인천국제공항이나 외국의 공항에서 형형색색으로 멋지게 단장한 여객기를 보는 것도 해외여행 때 누리는 즐거움 중의 하나다. 동체의 도장을 보면 어느 항공사의 여객기인지를 쉽게 알 수 있다. 여객기의 도장은 항공사의 이미지를 결정하는 중요한 요소이며 선전매체로서의 역할을 한다.

○
대한항공의
루브르 박물관 홍보 여객기
(대한항공제공)

왜 여객기는 화장을 할까?

항공사는 여객기의 국적, 등록번호, 자사 로고, 항공사 이름과 더불어 이미지를 높이고 돋보이려고 독특한 디자인으로 기체를 곱게 단장한다. 그러나 항공사의 기업이미지를 높이려는 것은 2차적인 목적이다. 우리가 옷을 입는 이유에 피부를 보호하는 목적이 있듯이 여객기를 도장하는 가장 큰 이유는 녹슬거나 기체 표면에 상처가 생기는 것을 보호하는 데 있다.

여객기는 될 수 있는 대로 무게를 줄이기 위해 가벼우면서 튼튼한 알루미늄 합금 같은 비싼 재료로 만든다. 그러나 여객기는 빠른 속도로 고공을 비행하면서 자외선, 미세먼지, 황사, 화산재, 산성비, 눈보라, 구름 속의 작은 물방울이나 얼음덩어리에 부딪힌다. 또한 이착륙을 위해 바다 위를 낮게 비행하면서 천적이나 다름없는 소금기가 있는 바람을 맞으면 기체에 상처가 나서 부식하기 쉽다. 이를 방지하기 위해 여객기는 정기적으로 도장을 해줘야 기체가 녹슬거나 부식되는 것을 막아주고 수명도 길어진다.

그런데 여객기의 도장은 부분적으로 벗겨지고 상처가 나거나 부식될 경우가 있다. 항공사는 여객기를 정비할 때 수시로 도장상태를 점검하여 보수한다. 동체의 외관을 자세히 보면 부분적으로 재도장 한 것이 보이기도 한다.

아시아나항공의
새로운 도장

여객기의 도장은 언제부터 했을까?

항공 여명기에는 될 수 있는 대로 비행기를 가볍게 하여 하늘로 뜨는 데 주력했기 때문에 동체에 페인트를 칠한다는 것은 생각조차 할 수 없었다. 이때만 해도 나무골조에 두꺼운 천을 입혀 동체나 날개를 만들었고 빗물이 스며들거나 골조에 습기가 차는 것을 막기 위해 니스 같은 도료를 칠했다.

동체나 날개에 페인트를 칠하기 시작한 것은 비행기가 군용기로 사용된 제1차 세계대전 무렵부터였다. 적의 눈에 잘 띄지 않도록 위장하기 위해 여러 색으로 페인팅한 것이 도장의 시작이었다. 이것을 본떠서 여객기에도 도장을 하기 시작했으나 본격적으로 도장을 한 것은 1950년도부터였다.

항공수송이 본격화되고 항공사 간의 경쟁이 심해지면서 항공사들이 여객기를 선전매체로서 활용하기 시작했으며 이것이 항공사의 이미지를 결정하는 중요한 요소가 되었다.

최근에는 여객기의 도장은 기업 CI의 일환이 되고 있다. 여객기의 도장뿐만 아니라 로고, 객실승무원의 유니폼까지 포함하여 기업이미지를 통합하는 경향을 보이고 있다.

캐러비안항공의
멋진 벌새도장

여객기에 쓰는 화장품은?

처음에는 기체를 흰색으로 많이 도장했다. 여객기가 비행장에서 오랫동안 머물고 있을 때 뜨거운 햇빛을 받아 기내의 온도가 높아지는 것을 막기 위해서였다. 최근에는 여객기에 도장을 하는 것이 항공사의 이미지를 높이는 목적도 갖게 되면서 더 눈에 잘 띄고 멋지게 보이도록 매력 있는 디자인에 색채도 매우 다양하고 화려해졌다.

현재 여객기의 도장에는 잘 건조되며 열 흡수력이 강하고 광택이 잘 나고 여러 색을 낼 수 있는 항공용 폴리우레탄 페인트Polyurethane Paint를 사용한다. 이것은 폴리우레탄 수지樹脂에 색소를 섞은 특수 페인트다. 최근에는 환경오염을 고려하여 새로 개발된 환경보호용 페인트인 하이 솔리드 페인트high solid paint를 사용한다. 하이 솔리드는 기존의 페인트보다 오래 견딜 수 있고 광택이 잘 나 최대로 7~8년까지 수명이 유지된다. 여객기의 도장은 5~6년에 한 번 한다. 기체의 수명을 30년으로 보면 여객기는 평생에 5~6번 화장을 하게 된다.

대형기인 B-747의 경우 헌 도장을 벗겨내고 새 도장을 하는 데약 2주가 걸린다. 사용하는 페인트도 약 850ℓ나 되며 무게만도 약 1.5톤 가까이 된다. 페인트의 두께가 0.12㎜나 되며 여객기의 바깥 기온이 -60℃에서 40℃ 이상일 때도 견딜 수 있다.

컨티넌탈항공의
화려한 도장

옷을 입지 않는 누드 여객기

한 번 화장하는 데 드는 비용도 만만치 않다. 인건비까지 포함하면 여객기가 한 번 옷을 갈아입는 데 약 1억에서 1억 5,000만 원이 든다. 최신 초대형 여객기인 A-380의 경우 한 번 페인팅하는 데 소요되는 페인트가 220ℓ로 무게가 2.5톤 가까이 된다. 도장작업은 함부르크에 있는 에어버스사의 도장 공장에서 약 100명이 수작업으로 도장하는 데 약 3주가 걸린다.

페인트의 무게와 소요되는 비용을 줄이기 위해 아예 도장을 하지 않고 회사 마크만 도장하는 항공사들도 있다. 화물전용기에 이러한 경우가 많다. 도장을 하지 않고 은색으로 번쩍거리는 여객기를 '누드 여객기' 혹은 '비키니 여객기'라고 부른다.

대표적인 항공사가 미국의 아메리칸 항공으로 페인트 무게를 줄여서 연료를 절감하기 위해 모든 항공기를 금속에 투명한 코팅만 한다.

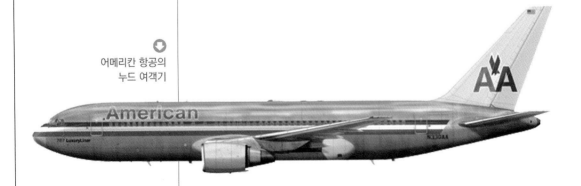

어메리칸 항공의
누드 여객기

거대한 하늘의 이동 빌보드

여객기는 그 자체가 날아다니는 빌보드로 세계 곳곳을 다니기 때문에 PR효과가 매우 크다. 항공사에 따라서는 거리의 빌보드처럼 아예 기업광고를 수주해 여객기에 도장하는 경우도 있다. 몇십 대의 여객기를 각각 다른 디자인으로 도장하는 항공사도 있다.

그중에는 기상천외한 도장을 하고 있는 여객기도 있다. 88올림픽 때 대한항공은 태권도의 멋진 폼을 기체에 도장하여 세계 곳곳을 날아다니며 서울 올림픽을 홍보한 적이 있다. 지난 2001년 봄에는 제주도를 홍보하기 위해 유채꽃과 돌하르방을 기체에 그린 '하르방 여객기' 그리고 최근에는 루브르 박물관의 한국어 안내 서비스를 기념하여 인천-파리 노선에 모나리자 그림을 래핑한 점보 여객기를 운항한 적이 있다.

미국 항공사의 예를 보면 여객기의 동체에 미키마우스를 그려 디즈니랜드를 연상케 하거나 여러 가지 바닷고기를 그려서 수족관을 연상케 하는 독특한 도장을 볼 수 있다. 브래니프항공은 미국 건국 200주년을 기념한 디자인으로 도장한 적이 있다. 오스트리아의 스카이유럽항공사는 자국 출신의 미스 유럽을 도장하여 국가 이미지 홍보에 여객기의 도장을 활용한 적도 있다. 2018년에 개최되는 평창 동계올림픽을 전 세계에 홍보하기 위해 국적항공사들이 어떤 도장을 할지 궁금해진다.

퀸타스항공의
월드컵도장

D8 하늘 천사의 주요한 업무는 보안업무?

여객기를 타면 목적지에 도착할 때까지 '하늘의 천사' 스튜어디스가 유쾌하게 항공여행을 할 수 있도록 객실 내에서 여러 가지 서비스를 해준다. 다른 교통기관에는 없는 항공여행만의 특징이다.

항공 초기에는 여객기에 객실승무원이 타지 않았다. 부조종사가 비행 중에 승객에게 커피를 서비스하고 비행멀미로 고생하는 승객을 돌봐줬다. 부조종사가 유니폼을 입고 에이프런을 두르고 객실에서 승객에 서비스하는 모습을 상상해보면 참으로 코믹한 느낌이 든다. 비행 중에 비행안내도 조종사나 부조종사가 했다. 그 당시의 관행이 남아 지금도 비행 중에 조종사가 비행 안내 방송을 하는 것을 가끔 듣는다.

🔽 초창기 스튜어드의 모습

최초의 스튜어디스는 '간호사'

언제부터 여객기에 객실승무원이 탑승했을까? 1928년 객실승무원이 처음으로 여객기에 등장했다. 독일의 루프트한자항공이 융커스 G-31 여객기에 객실남승무원**스튜어드**을 탑승시켜 기내 서비스를 했다. 이때만 해도 객실이 좁고 천장이 낮고 이륙할 때 무게 제한이 엄격했다. 그렇기 때문에 몸집이 작고 무게가 조금이라도 덜 나가는 14세의 소년을 태웠는데 캐빈 보이 **Cabin Boy**라고 불렀다.

객실여승무원인 스튜어디스가 처음으로 여객기에 탑승한 것은 1930년이었다. 미국의 유나이티드항공의 전신인 보잉항공수송회사가 처음으로 간호사를 채용하여 여객기에 태웠다.

여객기에 스튜어디스를 태우기까지에는 많은 우여곡절이 있었다. 스튜어디스 1호가 된 여성은 미국 아이오와 주 출신의 젊은 간호사 엘렌 처치 **Ellen Church**였다. 처치 양은 보잉항공사에 여성 조종사가 되겠다고 신청했다. 지금은 여성 조종사가 있지만, 당시로서는 상상조차 할 수 없는 뜻밖의 제안이었다. 보잉항공이 이를 거절하자 그녀는 타협안으로 객실에 탑승하여 승객서비스를 하겠다는 새로운 제안을 했다.

보잉항공은 한 여성의 열정적인 집념에 감탄한 나머지 1개월 조건으로 처치 양을 포함하여 여덟 명의 간호사를 스튜어디스로 채용했다. 샌프란시스코-샤이엔**와이오밍 주** 노선을 비행하는 보잉-80A 여객기에 은단추가 달린 연한 회색 유니폼을 입고 베레모에

최초의 스튜어디스
엘렌 처치양

망토를 입은 스튜어디스를 탑승시켜 객실 내에서 서비스를 제공했다.

승객들로부터 큰 호평을 받게 되자 보잉항공뿐만 아니라 미국의 다른 항공사들도 앞다퉈 객실여승무원을 태웠다. 예약할 때 특정의 스튜어디스가 탑승하는 항공편을 지정하는 승객도 있었다.

유럽에서는 1931년에 에어프랑스의 전신인 파아망항공이 국제선에 객실여승무원을 탑승시켰다. 뒤이어 유럽의 각 항공사가 스튜어디스를 탑승시켰으나 영국항공만은 1945년까지 객실남승무원만 태웠다. 이때 유럽의 각 항공사는 객실여승무원에게 간호사 스타일로 흰 가운을 입히고 흰 모자를 쓰게 했다.

당시 객실여승무원이 되기 위한 조건은 25세 미만의 독신여성으로 체중이 50㎏ 이하에 키는 162㎝ 이하라야 했고 간호사 자격이 있어야 했다. 지금은 각 항공사가 내건 객실여승무원의 채용 조건에 키가 165㎝ 이상이어야 하는 것과 비교하면 너무나 대조적이다. 객실여승무원의 키를 제한한 것은 당시의 여객기는 천장이 낮아 키가 크면 서비스하기가 불편했기 때문이다.

객실여승무원은 처음에는 항공여행을 도와주는 사람이라는 뜻으로 쿠리에Courier라고 불렀다. 그 뒤 에어 호스티스Air Hostess 또는 에어 걸Air Girl이라고 불렀다가 스튜어디스Stewardess라고 불렀다. 그러나 1980년대 이후 남녀 직업차별의 철폐 흐름에 따라 지금은 캐빈 어텐던트Cabin Attendant라고 부른다.

🔵 미국 TWA의 스튜어디스
(1930년대)

자랑스러운 오리지널 에이트

미국 유나이티드항공은 최초의 스튜어디스 여덟 명을 'the original-eight'라고 하여 자랑스럽게 선전하고 있다. 최초로 우주선을 탄 우주 비행사 일곱 명을 가리켜 'the original seven'이라고 부른 것과 아주 재미있는 대조를 이룬다.

1976년에 창사 50주년을 맞이한 유나이티드항공은 이들 여덟 명을 기념해서 자사의 B-747에 'the original-eight'라는 애칭을 부여하여 최초의 스튜어디스가 된 여덟 사람의 이름을 여객기의 앞부분에 새겨주었다.

객실승무원의 또 다른 임무

항공 초기에는 지상근무요원이 없었기 때문에 객실승무원이 지상에서 탑승수속까지 담당했다. 승객이 여객기까지 오면 우선 객실여승무원이 탑승객 명부를 갖고서 승객 한 사람 한 사람의 이름을 대조하여 확인했다. 그다음에 몸무게와 수화물의 무게를 저울로 쟀다. 당시의 여객기는 너무 작았기 때문에 승객의 몸무게나 수하물의 무게를 측량하는 것은 안전운항을 위해 매우 중요했다. 객실에서는 간단하지만 지금과 같은 드링크나 식사 서비스를 했다. 그 당시에는 기내 방송시스템이 없었기 때문에 여객기의 통과 지점의 안내나 비행고도, 속도, 도착 예정시간을 종이에 메모하여 승객에게 회람시키는 일까지 했다. 또한 여객기가 목적지에 도달하기 전까지 승객의 수화물이나 우편물을 목적지별로 개수와 중량을 정리해 일람표를 만드는 일도 했다.

현재 항공사는 승객 20~25명에 한 명 기준으로 객실승무원을 태우고 있다. 따라서 400명이 탈 수 있는 대형기인 B-747의 경우 18명의 스튜어디스와 스튜어드가 타고 있다.

대부분의 승객들은 객실승무원의 업무가 객실 내에서 서비스를 담당하는 것으로만 알고 있다. 그렇지만 그들에게는 더 중요한 임무가 있다. 객실승무원은 유사시에는 승객을 무사히 비상대피시키는 안전요원으로서의 임무를 다해야만 한다.

여객기가 이륙하기 전에 객실승무원은 안전벨트와 산소마스크, 그리고 구명조끼의 사용 방법을 설명해주고 비상도어의 위치를 안내해준다. 실제 긴급사태가 발생했을 때는 승객의 안전을 지켜주고 긴급피난을 하도록 도와주는 역할을 한다. 그렇기 때문에 여객기가 이착륙할 때 객실승무원은 비상도어의 바로 옆 좌석에 앉는다.

그리고 조종사에게 마의 11분은 객실승원에게 있어서는 '침묵의 11분 Silent Eleven Minutes'으로 만일의 사태에 대비해야하는 순간이다. 객실승무원의 수가 많은 것도 비상사태 시 침착하게 승객의 탈출을 안내·유도하기 위해서다. 객실승무원은 항공사고를 비롯하여 비상시 필요한 조치를 신속하게 할 수 있는 지식과 능력을 갖추고 있다. 이를 위해 객실승무원은 매년 정기적으로 안전을 위한 재교육을 받으며 실제 상황이 일어났을 때에 가까운 안전 훈련을 하여 안전요원으로서의 자격을 갖춘다. 객실여승무원이 치마를 입지 않고 바지를 입는 것도 안전요원으로서 활동하는 데 지장을 주지 않기 위해서이다.

여객기에 탑승전
휴식을 취하고 있는 승무원들

D9

공항과
국제선 여객기의 탑승

항공여행은 공항에서부터 시작된다. 옛날의 공항은 여객기를 탑승하기 위한 통과지점에 지나지 않았다. 그러나 지금의 공항은 작은 도시나 다름없다. 공항터미널 내에 여객기의 탑승수속을 밟는 항공사의 카운터뿐만 아니라 레스토랑, 커피 하우스, 면세점, 은행, 서점, 비즈니스맨이나 유아를 위한 편의 시설, 오락실, 복리후생시설, 영화관, 그리고 각 항공사의 라운지까지 갖추어져있어 여유를 갖고서 즐길 수 있다.

여객기는 지하철이나 기차처럼 자주 타는 교통수단이 아니다. 그렇기 때문에 여객기의 탑승 절차를 모르는 승객도 많다. 공항에 도착해서부터 여객기를 탑승할 때까지 무엇을 어떻게 해야 하는지 알아두면 항공여행에 도움이 될 것이다. 공항도착하면 바로 항공사 카운터로 가서 여객기의 탑승수속을 밟고 수하물을 위탁한다. 그 다음에 보안검사–세관 검사–출국심사를 마치고 나면 보딩 게이트로 가서 여객기를 탑승한다. 보딩 게이트에는 여객기 출발 30분 전까지 가면 된다. 그 사이의 시간이 여유시간으로 라운지에서 쉬거나 면세점에서 쇼핑하거나 레스토랑에서 식사를 즐길 수 있다.

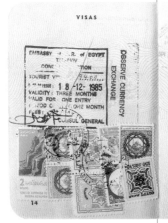

공항 도착과 탑승수속

공항도착은 늦어도 여객기 출발 두 시간 전에 도착하여 공항에서는 여유를 갖고 행동하는 것이 중요하다. 도착하면 우선적으로 탑승할 항공사의 카운터에서 탑승수속을 해야 한다. 탑승수속을 하는 것을 체크인Check-in이라고 하며, 개시시간은 공항이나 항공사에 따라 다르다. 일반적으로 여객기의 출발의 3시간 전에 개시하고 1시간 전에 마감한다.

카운터에서 항공사 직원에게 여권을 제시하고 탑승할 항공편명이나 목적지를 말하면 탑승수속이 시작된다. 이 때 항공권의 유무, 최종도착국의 입국자격비자의 유무, 수하물의 유무를 확인한다. 온라인 체크인이나 자동체크인이 가능한 항공사도 있다. 탑승수속이 끝나면 좌석이 지정되고 탑승권을 받는다. 탑승권에 탑승시간, 보딩 게이트 번호, 좌석 번호가 기재되어 있다.

인천공항의 출국장 전경

수하물 위탁

탑 승수속이 끝나면 기내에 갖고 들어갈 수 없는 짐은 항공사에 위탁해야 한다. 항공사는 항공권의 종류 즉 좌석의 등급에 따라 무료수하물의 허용 개수나 중량이 다르다. 일반적으로 이코노미 클래스의 경우 20kg까지 1개의 수하물이 무료다. 그 기준이 수시로 달라짐으로 사전에 탑승할 항공사에 확인해둘 필요가 있다. 중량이나 개수의 제한기준을 오버하면 추가 요금을 내야한다.

또한 기내에 갖고 들어갈 수하물에도 크기와 무게도 제한이 있다. 기내의 좌석 위에 있는 수하물 칸에 넣을 수 있는 크기라야 한다. 일반적으로 세 변의 합이 115㎝를 넘지 않는 10kg 이내의 수하물만을 갖고 탈 수 있다.

위탁 수하물의 경우 페인트, 휘발유, 드라이아이스, 부탄가스, 배터리 같은 불이 붙거나 폭발할 가능성이 있는 물품이나 염소, 표백제, 수은 같은 방사성, 전염성, 독성 물질은 운송제한 품목임으로 위탁할 수 없다. 가위, 칼, 손톱 깎기, 골프채, 야구 배트, 도끼, 망치 등 무기로 사용할 수 있는 물품 그리고 일정량이 넘는 물, 음료, 식품, 화장품, 위생용품은 기내에 갖고 들어갈 수 없다.

노트북 컴퓨터, 핸드폰, 카메라 등 고가의 전자제품이나 보석류 같은 고가물품은 위탁수하물에 넣지 말고 직접 휴대하는 것이 좋다. 이러한 물품은 파손되거나 분실되었을 경우 항공사는 책임을 지지 않기 때문이다. 소량의 개인용 화장품, 유아용 음료수나 음식물, 여행 중 필요한 의약품은 기내에 갖고 탈 수 있다. 수하물을 위탁했을 때에는 수하물 인환증 Baggage Claim Tag을 반드시 받아 보관하고 있어야 한다. 위탁수하물이 분실되었을 때 찾거나 보상 청구하는 데 필요하기 때문이다.

○
수하물 태그

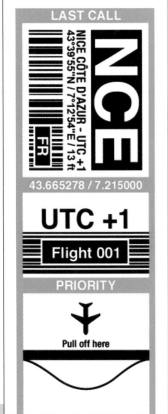

보안검사·세관신고·출국심사

탑 승수속이 끝나면 보안검사를 받는다. 기내에 갖고 들어갈 짐의 엑스레이나 금속탐지 게이트 검사, 그리고 몸수색을 받는다. 최근에는 보안이 강화되어 시간이 많이 걸릴 수도 있다. 그렇기 때문에 시계, 휴대전화, 열쇠, 지갑 등은 미리 윗옷의 주머니에 넣고 벗어 수하물과 같이 엑스레이 검사를 받는 것이 요령이다.

고가의 외국제품이나 귀금속을 갖고 출국할 경우에는 반드시 세관에 신고하도록 한다. 그렇지 않으면 해외에서 구입한 물품으로 취급되어 귀국 할 때 세금을 물어야할 수도 있다.

여권, 탑승권, 출국카드 **한국은 불필요**를 제시하여 심사에 통과하면 여권의 사증 난에 출국 스탬프를 찍어 여권과 함께 돌려준다.

보안 검사대 모습

라운지 이용

공항에는 여객기 출발을 기다리는 승객의 편의를 위해 항공사나 공항에서 제공하는 라운지라고 불리는 특별실이 있다.

여객기를 탑승하기 전에 시간이 있으며 쇼핑을 하거나 공항라운지에서 쉴 수 있다. 공항 라운지는 기본적으로 편안한 소파에 앉아서 음악을 듣거나 휴식을 취하고 음료, 간단한 스낵 등을 즐길 수 있는 휴식공간이다. 항공사의 라운지는 퍼스트 클래스나 비즈니스 클래스 승객을 위해 무료로 제공한다. 그 밖에 제휴 신용카드로 이용할 수 있는 라운지나 돈만 내면 누구나 이용할 수 있는 유료 라운지도 있다.

공항 라운지(파리 드골공항)

여객기의 탑승

여객기의 출발 30분 전부터 탑승이 시작된다. 공항에 따라 보딩 게이트 앞에서 한 번 더 짐 검사를 하는 경우도 있다.

탑승순서는 제일 먼저 몸이 자유롭지 못한 승객, 임산부, 어린아이 동반승객이 탑승한다. 그다음에 퍼스트와 비즈니스 클래스 승객, 마지막에 이코노미 클래스 승객이 탑승한다.

탑승할 때 탑승권을 공항직원에게 주거나 개찰기에 넣으며 탑승권의 반권半券을 돌려받는다. 마일리지가 적립이 안되었을 경우에 나중에 적립할 때 필요하므로 보관하고 있는 것이 좋다. 객실 내 좌석번호가 탑승권의 반권에 기재되어 있다.

보딩 게이트

이전에는 트랩Trap이라고 불리는 이동식 계단을 사용했지만 지금은 일부 지방공항을 제외하고는 보딩 게이트Boarding Gate에서 제트웨이Jetway라고도 불리는 보딩 브리지Boarding Bridge를 이용하여 직접 객실로 들어간다. 이것은 제트여객기 시대가 시작되면서 도입된 탑승방법으로 1954년에 미국의 유나이티드 항공이 처음으로 사용했다. 이것은 동력으로 늘어났다 줄었다 하는 망원경식의 터널 통로다. 보딩 브리지는 계단이 아니라 공항터미널과 여객기를 직접 연결해주는 평평한 통로이기 때문에 매우 편리하다. 고령자나 신체장애자도 차 의자를 이용하는 승객도 쉽게 타고 내릴 수 있다. 다만 트랩을 이용했을 때 배우나 유명 인사들이 트랩의 맨 위에서 환송객들에게 손을 흔들면서 사진을 찍던 멋진 장면을 이제는 볼 수 없는 아쉬움이 남는다.

보딩 브리지를 지나 여객기에 탑승하면 바로 하늘의 천사 스튜어디스가 반갑게 맞아준다. 이것을 영어로 웰컴 어보드Welcome aboard 탑승 환영라고 한다. '탑승한다'는 보드에 'on'을 뜻하는 접두사 'a'를 붙여 '기내'를 가리키는 것이다.

기내에 들어가면 탑승권의 반권에 기재되어 있는 좌석번호의 자기좌석을 확인한 후 짐을 머리 위에 있는 수하물 칸에 짐을 넣는다. 될 수 있는 대로 앞 의자 밑에는 짐을 두지 말고 다리를 놓는 공간을 넓게 하는 것이 좋다.

트랩(아래)과
보딩 브리지(오른쪽)

비행을 즐기는 방법

여객기는 정시에 목적지를 향해 출발한다. 목적지에 도착할 때까지 객실승무원이 승객이 안전하고 유쾌한 하늘 여행을 할 수 있도록 객실 내에서 여러 가지 안내와 서비스를 해준다. 1만 미터가 넘는 하늘 위에서 식사를 즐길 수 있다. 식사가 끝나면 기내 엔터테인먼트 시스템으로 50편 이상의 영화, 100편 이상의 TV 드라마, 300곡 이상의 음악, 그리고 25여 종의 비디오 게임을 즐길 수 있다. 고속버스나 기차여행에서는 볼 수 없는 항공여행만의 특징이다. 그밖에 각 항공사의 개성이 나타나있는 기내지 **인플라이트 매거진**는 많은 항공여행저보와 기내 서비스 정보가 실려있어 좋은 읽을거리를 제공해준다.

기내에서 비디오를
보고 있는 승객들

여객기는
몇 명으로 조종할까?

거대한 여객기를 출발지에서 목적지까지 몇 명의 조종사가 어떻게 조종하는지 궁금할 것이다. 여객기의 조종과정을 객실에 앉아서 살펴보는 것도 매우 흥미로울 것이다.

두명이 한조로 조종하게
설계된 콕핏

여객기는 몇 명으로 움직이는가?

여객기는 운항승무원, 객실승무원, 정비사, 운항관리사, 관제사 등 많은 전문기술자들에 의해 안전하게 운항하여 승객을 목적지까지 수송한다. 그중에서도 여객기를 직접 조종하는 것은 운항승무원인 조종사와 부조종사, 두 사람이다.

1960년대 이전에는 조종사와 부조종사 외에 통신사, 항공기관사, 항법사까지 다섯 명이 여객기를 조종했다. 1960년대에 무선기의 발달로 음성통신이 가능해지고 또한 여객기에 항법장치가 도입되면서 무선사와 항법사가 필요 없게 되어 조종사, 부조종사, 항공기관사 세 명으로

↑
조종사와 부조종사

여객기를 조종했다. 그러나 1980년대에 취항한 최신 여객기인 B-747-400, B-767, B-777, A-320 등을 비롯해 길이가 80m나 되는 거대한 A-380 여객기조차도 조종시스템의 전산화와 자동화가 이루어져 조종사와 부조종사 단둘이서 조종하여 비행하고 있다.

비행 전 점검

여객기 출발 2시간 전에 공항에 도착한 조종사와 부조종사는 운항관리사가 비행경로와 사용공항의 기상정보와 항공정보, 기체의 정비상황 등을 기초로 작성한 비행계획을 검토하는 것으로부터 업무가 시작된다. 검토가 끝나면 최적의 비행경로, 비행고도, 비행속도, 탑재연료, 기체중량, 대체공항 등을 확정한 후에 비행계획을 관제탑에 보내 비행허가를 받는다.

이때쯤 합류한 객실승무원은 그날의 승객 수, 기내 서비스 내용을 체크한 다음 조종사로부터 비행고도, 소요시간, 목적지의 기상 등 그날의 비행계획, 긴급환자 발생 시의 대처, 비상사태 발생 시의 업무분담 및 대응에 대한 지시를 받는다. 이러한 과정이 끝나면 운항승무원과 객실승무원은 여객기로 이동한다.

기장은 여객기의 운용규정에 따라 주기되어 있는 여객기의 주위를 한 바퀴 돌면서 바퀴의 상태, 연료 상태, 엔진 상태 등 여객기의 외부점검을 한다. 점검이 끝나면 조종실로 돌아와 조종실 내를 점검한다. 우선 정비사가 제공한 항공일지航空日誌로 여객기의 정비 상황을 체크하고 여객기등록증명서, 내공증명서 등 여객기가 갖추어야 할 서류, 그리고 소화기, 구명조끼 등 비상용장비품의 탑재여부, 연료탑재상황 등을 계기로 확인한다. 그리고 각 시스템의 스위치가 정확한 위치에 있는지를 확인하면 여객기의 출발 준비가 완료된다. 객실 사무장의 승객 탑승완료 보고가 있으면 여객기의 출입도어를 닫는다.

엔진 스타트

출입도어가 닫히면 인터폰으로 지상의 정비사에게 여객기의 견인을 요구하고 동시에 여객기의 엔진을 시동한다. 객실 내의 에어컨 소리가 약간 작아지면 엔진을 시동한 것이다. 이것은 여객기의 에어컨도 엔진의 시동도 같은 압축공기를 이용하므로 충분한 압축공기가 엔진 쪽에 가도록 잠시 에어컨의 작동을 중지시키기 때문이다. 엔진의 시동이 끝나면 잠시 기내의 음악이 중단된다. 이것은 그때까지 사용하고 있던 지상의 보조전원을 엔진에 달려 있는 발전기의 전원으로 바꾸기 때문이다.

활주로로 이동

여객기는 천천히 움직이기 시작하여 활주로 끝에 있는 출발지점까지 유도로를 따라 주행한다. 여객기가 커서 코끼리가 걷는 것처럼 느리게 느껴지지만, 시속 30~40㎞의 속도로 이동한다.

활주로에 들어서면 여객기를 활주로의 중심선에 맞추고 일단 정지한 상태에서 부조종사가 관제탑에 이륙준비 완료를 보고하면 관제탑에서 이륙허가가 나온다.

부조종사가 객실승무원에게 이륙을 알리는 신호를 보낸다. 동시에 객실 내에 시트벨트의 사인이 켜지면 관제탑으로부터 이륙허가가 나서 이제부터 이륙한다는 신호다.

이륙 대기 중인 여객기

↑
이륙하는
제트여객기

이륙·상승

여객기가 활주하기 시작하면서 엔진의 소리가 커진다. 이륙하기 위해서 엔진이 최대의 출력을 내기 때문이다. 여객기는 가속하여 점점 빨리 활주하다가 이륙할 수 있는 속도인 시속 330~350㎞에 도달하면 기수가 위로 올라가면서 공중에 뜬다. 조종사가 가장 긴장하는 순간이다. 그 뒤 쿵하는 소리가 나는데 이것은 바퀴를 동체에 집어넣는 소리다. 바퀴를 넣고 나면 여객기는 속도가 더욱 빨라지면서 상승을 계속 한다. 그러면 객실 내에 벨트를 매라는 신호가 꺼지고 객실승무원의 서비스가 시작된다.

순항중인
제트여객기

순항

여객기가 요란한 소리를 내면서 상승을 계속하다가 엔진 소리가 약간 작아지면 일정한 고도에서 수평비행이 시작된 것이다.

여객기가 일정한 속도로 일정한 고도를 수평비행하는 것을 순항이라고 한다. 그러면 조종사는 모든 항법장치의 정상작동을 확인한 다음 자동조종장치에 스위치를 넣고 여객기는 지시한 고도나 방향으로 자동조종되면서 비행한다. 다만 순항 때 고도나 속도를 조종사가 마음대로 정하는 것이 아니다. 항공교통관제관의 허가를 받아 지시된 고도와 속도로 비행한다.

진입 · 착륙

여객기가 목적지 공항에 가까워지면 조종사와 부조종사는 목적지 공항의 기상기온, 기압, 풍향, 풍속 등을 확인하고 착륙방법, 복행Go Around 때의 비행루트 등을 결정한다. 여객기의 강하가 시작되면 목적지 공항의 진입허가를 받는다. 조종사는 자동조종장치를 해제하고 수동으로 조종한다. 그러면 객실 내에 안전 벨트를 매라는 신호가 표시된다.

활주로가 보이기 시작하는 활주로 끝에서 3㎞ 지점에서 착륙장치를 내리고 여객기의 진입이 시작된다. 조종사는 지상으로부터의 착륙유도전파ILS의 유도지시에 따라 속도를 조정하고 지시된 진입로를 따라 내려가다가 착륙한다.

쿵하는 소리가 나면 여객기가 활주로에 착륙한 것이다. 그러면 바로 엔진 소리가 커진다. 여객기의 속도를 급속히 줄이기 위해서 엔진이 역분사하기 때문이다. 여객기는 활주로를 벗어나 유도로를 따라 이동하여 주기장에 도착한다.

여객기의 문이 열리고 보딩브리지를 통해 승객이 내리기 시작한다. 그러면 항공여행이 끝난다. 이처럼 객실 내에 앉아서 여객기의 비행과정을 살펴보는 것도 항공여행의 즐거움을 더해준다.

착륙후 유도로를 따라 주기장에
도착하면 여정은 끝이난다.

즐거운 항공여행을
마무리하며

20 세기 초 라이트 형제가 인류역사상 처음으로 동력비행에 성공했을 때 59초에 260m를 비행했다. 이렇게 시작된 하늘여행이 지금처럼 여객기가 발달하고 여객기의 이용이 우리 생활의 일부가 되리라고는 상상조차 못했다.

20세기 후반에 대형 여객기 B-747 점보기가 취항하면서 하늘여행의 대중화시대가 열려 누구나 여객기를 이용할 기회가 그만큼 많아졌다. 여객기를 이용할 때마다 궁금한 것이 많을 것이다. 여객기는 최첨단 기술로 만든 비행기계이다 보니 여객기에 대해서 알고 싶어도 스스로 자료를 찾아 궁금한 것을 알아낸다는 것이 그렇게 쉬운 일이 아니다.

그래서 누구나 쉽게 읽고 이해할 수 있도록 정리해보았다. 이 책을 읽고 여러분의 항공여행에 대한 여러 가지 궁금증을 풀 수 있고 호기심을 어느 정도 충족할 수 있다면 참으로 영광이다. 이 책을 통해 하늘의 여행과 여객기의 세계를 알고 나면 항공여행이 더 즐거워질 것이다.

비행기의 발달사를 다룬 《비행기 이야기》2010년에 이어서 《항공여행 아는만큼 즐겁다》를 기꺼이 출판해주신 도서출판 기파랑의 안병훈 사장에게 진심으로 감사드린다. 아울러 책이 출판되도록 챙겨주신 조양욱 편집장과 박문숙, 박은혜 에디터, 그리고 북 디자이너 김정환 선생에게 깊이 감사드린다.

243

색인

ㄱ

객실승무원 Cabin Attendant 144, 235

객실 창 Cabin Window 196

갤리 Galley 023, 131, 176, 178, 209

계기비행 Instrument Flight 050, 136

고양력장치 High Lift Device 132, 150

고항력장치 High Drag Device 132, 150

공기밀도 Air Density 053

구명보트 Life Raft 044, 045

구명조끼 Life Vest 044, 045

국제민간항공기구 International Civil Aviation
    Organization(ICAO) 015, 049, 184, 193

국제항공운송협회 International Air Transport
    Association(IATA) 111

그리니치 표준시 Greenwich Mean Time 107

글라스 콕핏 Glass Cockpit 138, 174

기내식 In-Flight Meal 179

기압 Atmospheric Pressure 079, 082, 090, 091,
    092, 093, 141, 180, 195, 197, 213, 240

기온 Air Temperature 052, 240

꼬리날개 Tail Wing 153

ㄴ

난기류 Air Turbulence 093, 146, 149

날짜변경선 International Date Line 108

내로우보디 Narrow Body 175

노즈랜딩기어 Nose Landing Gear 133

ㄷ

다기능 디스플레이 시스템 Engine Indication and
    Crew Alerting System(EICAS) 139

대기권 Atmosphere 077

대류권 Troposphere 077, 078, 079

대류권경계면 Tropopause 077

도어 모드 Door Mode 044

도중체류 Stopover 112

동력장치 Power Plant 154

디스크 브레이크 Disc Brake 164, 165

ㄹ

라운드 더 월드 Round the World 124

ㅁ

마력 Horsepower 154

마의 11분 Critical Eleven Minutes 019, 029

마일리지 서비스 Milage Service 116, 117, 118, 119

메인랜딩기어 Main Landing Gear 133

모노코크 구조 Monocoque Construction 140, 142

몬트리올 협약 Montreal Convention 060, 062, 063

ㅂ

바르샤바 조약 Warsaw Convention 060, 062

방전장치 Static Discharger 056

버드 스트라이크 Bird Strike 159

벌크헤드 Bulkhead 146

병약 승객 Invalid Passenger 100

보딩 게이트 Boarding Gate 227, 231, 232

보딩 브리지 Boarding Bridge 232

보이스 레코더 Voice Recorder 025

보조날개 Aileron 150

보조동력장치 Auxiliary Power Unit(APU) 207

복합재료 Composite Materials 143

부조종사 Co-pilot 136, 170, 235

블랙박스 Black Box 025

비상구 좌석 Exit Seat 146

비상도어 Emergency Door 041, 043, 044

비즈니스 클래스 Business Class 099, 146, 230, 231

비행계획 Flight Plan 236

비행 데이터 기록 장치 Flight Data Recorder 025

비행멀미 Flight Motion Sickness 090, 093

비행시간 Flight Time 071

비행 전 점검 Pre-Flight Check 235

빅터 항공로 Victor Airway 049

ⓢ

산소마스크 Oxygen Mask 224

상용고객우대 프로그램 Frequent Flyer Program(FFP) 116

성층권 Stratosphere 077

세미모노코크 Semi-monocoque 142

세미와이드바디 Semi-wide Body 171, 172

수하물 인환증 Baggage Claim Tag 228

스카이팀 Sky Team 122, 125

스타얼라이언스 Star Alliance 122, 125

스튜어드 Steward 221

스튜어디스 Stewardess 221, 222, 223

스포일러 Spoiler 132, 150, 151, 164, 166

습도 Humidity 090, 095, 213

시차 Time Difference 095, 096, 097, 106, 108

시차 병 Jet Lag 096, 097, 106

시트벨트 Seat Belt 055

ⓞ

아기용 배시넷 Baby Bassinet 101

안전데모 Emergency Demonstration 035, 036

안전매뉴얼 Safety Instructions 033, 035, 043

안전벨트 Safety Belt 035, 037, 101

양력 Lift 080, 082, 083

에어라인 얼라이언스 Airline Alliance 122, 123, 125

에어 브레이크 Air Brake 164, 166

에어포켓 Air Pocket 055

에이팩스운임 APEX Fare 113

에일러론 Aileron 150

엔진 브레이크 Engine Brake 164, 167

여압 Pressurization 211, 213

역분사장치 Reverse Thrust System 164, 167

연료방출장치 Fuel Dump System 205

연방항공국 Federal Aviation Administration(FAA) 028

연방항공규칙 Federal Aviation Regulation(FRA) 043

열권 Thermosphere 077

예방정비 Preventive Maintenance 069

와이드바디 Wide Body 175, 177

외기권 Exosphere 077

운송약관 Conditions of Carriage 059

원월드 One World 122, 125

웰컴 어보드 Welcome Aboard 232

위성항법장치 Global Positioning System(GPS) 051, 133

윈드시어 Wind Shear 055

윈드실드 Windshield 195

윙릿 Winglet 149, 152, 189

유리섬유강화 플라스틱 GFRP 143

음성기록 장치 Voice Recorder 025

이코노미 병 Economy Class Syndrome 096, 099

이코노미 클래스 Economy Class 098, 099, 118, 145, 231

임산부 Pregnant Woman 100, 231

ㅈ

자동조종장치 Auto Pilot 050, 051, 133, 137, 139

전자비행계기시스템 Primary Flight Display(PFD) 138

전자항공권 Electronic Ticket 115

정상운임 Normal Fare 112

제1세대 제트여객기 018, 084, 088

제2세대 제트여객기 084, 088

제3세대 제트여객기 084, 089

제4세대 제트여객기 018, 023, 084, 089, 168

제트스트림 Jet Stream 057

제트 시차증후군 Jet Lag Syndrome 097

제트엔진 Jet Engine 082, 088, 133, 154, 207

제트여객기 Jet Transport 018, 023, 084, 088, 089,
    168, 169, 184, 185, 192, 193, 200, 232, 23

조종사 Pilot 017, 019, 136, 167, 175, 176, 235

조종실 Cockpit 025, 130, 131, 134, 135, 136, 137,
    138, 171, 174, 189, 194, 195, 198, 199, 236

조종실 창 Cockpit Window 189, 195

주 날개 Main Wing 093, 130, 146, 148, 152, 189, 203

중간권 Mesosphere 077

지상보조장치 Ground Power Unit(GPU) 077

ㅊ

착륙장치 Landing Gear 071, 130, 133, 160, 161

청천난류 Clear Air Turbulence 017

초음속기 Supersonic Transport 192

최저안전고도 Minimum Safe Altitude 049

추력 Thrust 080, 081, 082, 083, 130, 133

침묵의 30초 Silent Thirty Seconds(STS) 019

ㅋ

카본섬유강화 플라스틱 CFRP 143

케로신 Kerosene 157, 201

코드셰어 Code Share 124, 126

ㅌ

탈출용 슬라이드 Escape Slide 043

트러스 구조 Truss Structure 140

특별기내식 Special Meal 178

특별운임 Special Fare 112

Ⓟ

퍼스트 클래스 First Class 145

페일-세이프 구조 Fail-Safe Construction 021, 022, 023

편서풍 Westerlies 057

표준시 Standard Time 107, 108

풀 플랫 시트 Full Flat Seat 145

프로펠러 여객기 Propeller Transport 087, 180

플라이 바이 와이어 Fly By Wire(FBW) 089, 171

플라이트 레코더 Flight Recorder 025

플라이트 컨트롤 컴퓨터 Flight Control Computer(FCC) 137

플랩 Flap 071, 132, 150

Ⓗ

하이잭 Hijack 017

한국표준시 Korea Standard Time(KST) 108

할인운임 Discount Fare 112

항공로 Airway 047, 049

항공병 Airsickness 090

항공사고 Aviation Accident 024

항공연료 Aviation Fuel 111, 124, 200

항공운임 Air Fare 111, 112

항공정비 Aircraft Maintenance 068

항법계기 Navigation Display(ND) 139

항법장치 Navigation System 022, 050, 051, 133, 139

해외여행보험 Overseas Travel Insurance 065

협정세계시 Coordinated Universal Time(UTC) 108

호프만 식 Hoffmannsche Methode 060

화장실 Lavatory 131, 146, 176, 180

환불 Refund 112

항공여행 아는만큼 즐겁다

초판 1쇄 발행일 2014년 7월 30일

지은이 | 이태원
펴낸이 | 안병훈
에디터 | 박문숙, 박은혜
북디자인 | 김정환

펴낸곳 | 도서출판 기파랑
등록 | 2004년 12월 27일 제300-2004-204호
주소 | 서울시 종로구 동숭동 1-49 동숭빌딩 301호
전화 | 763-8996 편집부 3288-0077 영업마케팅부
팩스 | 763-8936
이메일 | info@guiparang.com

ISBN 978-89-6523-883-6 03900